JN410269

지난한 세월 속에 예술가의 반려로서
나의 존재를 함께 기록해준
아내 초은草隱에게 이 책을 바친다.

한 생각 만 갈래

초판인쇄 2021년 7월 10일
초판발행 2021년 7월 15일

지은이 석용진

펴낸이 박진환
펴낸곳 만인사
주소 41960 대구광역시 중구 명륜로 116
전화 053-422-0550
팩스 053-426-9543
메일 maninsa@hanmail.net
홈페이지 www.maninsa.co.kr

디자인 601비상 www.601bisang.com

출판등록 1996년 4월 20일 제03-01-306호
ISBN 978-89-6349-160-8 03810

정가 20,000원

한 생각 만 갈래

일사 一思
석용진 石龍鎭

만인사

나는,
나에 대한
기록이다

『한 생각 만 갈래』는 나에 대한 많은 기록 중 오직 작품에 대한 일부분이다. 물론 그림에 대한 관심과 작은 재능은 이미 초등학교 입학 이전부터 시작되었지만 그것은 단지 아이가 걸음마를 배우는 과정이었다. 그리고 제대로 된 수련과 학습은 1977년도 미술대학을 입학하고 난 뒤부터 1989년 제1회 대한민국 서예대전에서 대상을 수상하고 초대작가가 되기까지의 시기이다.

그러나 이 과정은 서예나 회화를 막론하고 공부하고 습작하던 수련기였기 때문에 『한 생각 만 갈래』에서는 배제하였으며 80년대 중후반부터 시작된 오롯이 나만의 예술 행로를 모색하고 고민하던 때부터 지금까지 30여 년의 여정을 기록한다.

내 작업의 대부분의 주제는 존재와 삶에 대한 물음이다. 그 물음은 선배 성현들의 관점을 들여다보는데서 출발한다. 물론 이러한 30년의 여정은 시간의 흐름에 따라 생각도 바뀌고 그것들을 시각화하는 과정에서 드러나는 조형언어와 기법들도 많은 변화를 가져왔다. 그러나 큰 관점에 본다면 내 작업의 근간을 이루는 조형언어는 서예이며, 이것을 현대화하는 과정에서 기호학적인 해석과 해체주의적인 경향과 더불어 문인화적인 어법을 바탕으로 한 서양화와 서예의 조화, 나아가 전각기법을 화면에 끌어 온 것 등이 주류를 이룬다.

이러한 일련의 작업들을 나는 '오래된 약속'이라고 명명하고 가급적 문자의 자형이 가진 사회적 약속을 깨지 않으려고 노력하였다. 또한 2019년부터 시작된 '모호한 약속'이라는 개념의 작업은 다가올 미래의 기록이 될 것이다.

『한 생각 만 갈래』는 가급적 짧게 정리하였다. 작품할 때를 떠올리면 정리되지 않은 수많은 상념들과 선택의 기로에서 무수히 많은 여러 생각들이 있었지만 그것을 일목요연하게 정리할 능력도 되지 않고, 또한 이 주제들이 온전히 나의 것이 아니라 선배 성현들의 훌륭한 개념들을 빌어왔기 때문에 어설픈 해설을 나열하기 보다는 짧고 간결함으로 어의語意의 왜곡을 줄이고자 하였다. 그럼에도 불구하고 표현의 부적절함과 모순이 있다면 그것은 오롯이 나의 탓이다.

『한 생각 만 갈래』는 편의상 5부로 나눴다. 1부에서 4부까지는 작품과 간략한 해제를 붙였다. 선택된 주제들은 77편이며 이들 중 몇 편은 지난 시간동안 반복해서 내 작업의 대부분을 차지한 것도 있다. 또 첫번째 주제인 '행보行步'와 마지막에 놓인 '나는 누구인가?'를 제외한 나머지는 시간의 흐름과는 관계없이 무작위로 놓았다. 채택된 작품들도 49번의 개인전과 수백 번의 여러 전시중 수많은 자료 중에서 눈에 띄는대로 골랐다. 이러한 결정의 바탕은 선택 순간의 인연 뿐만 아니라 하나 하나가 그 때 그 시간대에 이루어진 순간 순간의 기록이기 때문이다.

또 하나 여기에 실린 나머지의 기록은 작가노트이다. 작품 위에 50여 편을 놓았지만 작품과의 직접적인 관계를 암시한 것은 아니다. 길지 않고 짧은 기록들이지만 그동안 작업하면서 떠오르는 당시의 감정을 한두 줄의 메모로 기록해둔 것을 시간의 흐름에 관계없이 무작위로 갖다놓았다. 그래서 이 작가 노트는 오히려 내 감정의 기복이 여과없이 드러난 솔직한 고백들이다.

5부 서론書論은 30대 한창 독서하고 열정적으로 작업하던 시절에서 40대 초반까지 대략 10년간의 서예에 대한 내 생각의 기본적인 골격들이다. 대부분이 90년대 초중반에 초고 형태로 기록되었으며, 2000년대 초 잡지에 연재하였고, 작품집 『문도問道』의 뒷 부분에 실었던 것이다. 또한 미처 활자화하지 못했던 「서예조형론」 등을 다시 정리하여 수록하였다.

『한 생각 만 갈래』의 출발은 우연인지 필연인지 단정하기는 어렵지만 사이섬의 이호원 군과 박진형 선생의 권유로 말미암은 일임에는 틀림이 없다. 지금은 매우 어려운 시기이다. 느닷없이 등장한 COVID 19라는 바이러스의 준동은 인류 전체를 새로운 국면으로 몰아넣고 있다. 언젠가 극복이 되겠지만 이것은 인류의 삶과 문화에 지대한 변화가 있으리라 예고하고 있다.

이 혼란의 시절임에도 나에게 원고를 쓰게끔 독려하고 이 기록이 활자화되도록 해준 만인사 박진형 선생의 시절 인연과 난삽한 편집임에도 불구하고 품격 높은 북디자인을 실현해준 601비상 박금준 님께도 감사드린다.

2021년 5월
일사단간一思單間에서 석용진

목차

3
도를 도라고 하면

4
차 한 잔 하게나

5
서론 書論

1

삶은 걸어갈 뿐이다

행보
行步

1991년 첫 작품전의 도록 첫 페이지를 장식한 주제가
행보行步이다.
인생은 결국 끝없는 전진과 걸어나감이다.
좋은 길도, 나쁜 길도 인간 여정의 수 많은 경험과 부딪힘 속에
오로지 걸어갈 뿐이다. 나아갈 수도 있고, 물러날 수도 있다.
하지만 걸음을 멈춘다는 것은 죽음이고 삶이 아니다.
인생은 걸어갈 뿐이다. 뒤로 가던 앞으로 가던 제자리를
맴돌더라도 걸음을 멈추어서는 안 된다.

작가의 의식은 우리가 소위 언어라고 하는 개념에 구속된 상태를 넘어서야만 한다.

행보 行步

70×70cm, 장지에 먹, 아크릴릭, 1991

평범
平凡

極高寓於極平凡
지극히 높은 것은 지극한 평범함에 깃들어 있다.

어떠한 것이 평범한 것이고, 어떠한 삶이 평범한 삶이라는 것을 정의하기는 대단히 모호하다. 그럼에도 불구하고 우리는 어떤 특별한 것이나 비범함을 접하는 순간, 그것을 바로 특별함이라고 느낀다.
우리가 의식하지 못하는 일상의 대부분이 평범이다.
각박한 삶의 현장에서 평범은 오히려 평안과 여유라는 단어와도 연결된다. 우리가 비록 평범할지라도 비범을 부러워해야할 어떠한 이유도 없다.

나의 작업은 소위 작품을 위한 작업이 아니라
인생이라는 성찰을 위한 하나의 과정일 뿐이다.

평범 平凡
70×70cm, 장지에 먹, 아크릴릭, 1991

지금
只今

불교의 말 가운데 '즉시현금即是現今'이라는 것이 있다.
삶에는 오로지 지금, 이 순간만이 있을 뿐이다.
순간 순간의 행보와 결정, 소중함이 바로 삶이고 본질이다.
운명과 팔자는 지나온 길의 순간 순간의 기록일 뿐이며,
미래는 어떠한 것도 결정되어진 바가 없다고 생각한다.
지금 이 순간에 충실하고 즐겨야 한다.

서예라는 것은 시간과 공간 위에서 찰나간 종이에
각인되는 에너지이다.

a vague promise
100×100cm, 장지에 혼합재료, 2020

1234去
4321來

무경 자수의 『왕복무제往復無際』에 나오는 선시 구절이다. 1234로 가고, 4321로 온다. 순환과 환원에 대한 느낌을 이렇게 간결하게 말한다.
$E=mc^2$이나 '불생불멸不生不滅 불구부정不垢不淨 부증불멸不增不減'의 말과 궤를 같이 한다. 내용도 내용이려니와 표현의 느낌이 좋아 가슴 깊이 새겨진 구절이다.

놓아버리자. 성현들의 좋은 말들을 이성적으로 판단하고
계획적으로 설계하던 습관을 버리고 그저 가슴이 시키는대로
붓을 노래하고 먹을 춤추게 하자.

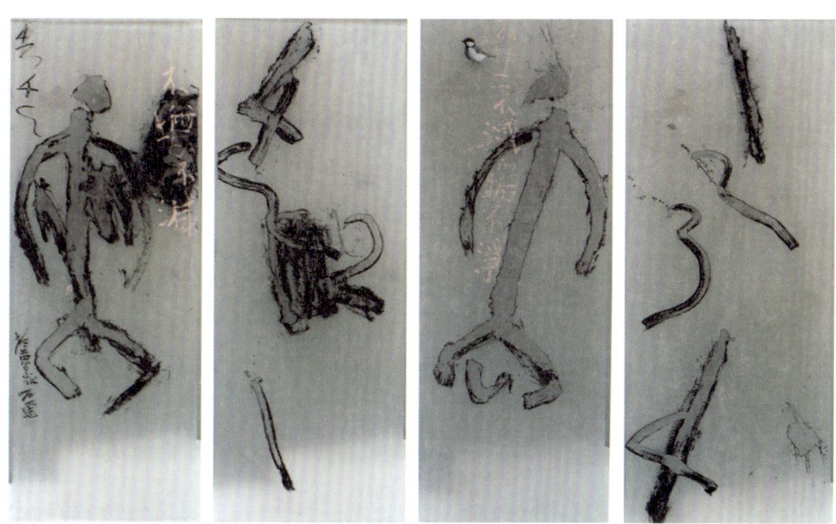

거래 去來
228×146cm, 장지에 혼합재료, 2010

무작정
無作定

‘무작정 당신이 좋아요…….’로 시작되는 대중가요가 있다.
간혹 이 노래의 첫 소절을 나도 모르게 흥얼거리는 때가 있다.
뒷 구절의 가사는 생각나지 않아 그저 리듬만 잠깐 따라가다 끝이
나는데 굳이 이 노래를 끝까지 알려고 하지 않는 나도 신기하다.
마음에 와 닿고 좋은 노래는 시간을 내어 몇 번이고 반복하여
외우곤 했는데 유독 이 노래만은 끝까지 배울려고 하지 않는
이유가 무엇인지는 모르겠다.
우리는 종종 무엇을 이유없이 좋아하는 경우가 많다. 물론
하나하나 짚어가면 좋아하는 이유가 분명히 있겠지만 때에
따라서는 무작정 그것을 좋아하거나 어떤 일을 행할 때가 있다.
계획도 없고 목적도 분명하지 않은 어떤 행위는 짜여진 현대
생활의 패턴에서 벗어나 스스로에게 여유를 갖게 하는 것 같다.
어디서 본 것인지 기억나지 않지만 무작정이라는 단어를
접하고 멋지다는 생각에 정자 한 채를 그리고 그 현판을
무작정無作亭이라고 써서 만든 작품이 있다.
무엇을 행하지 않고 목적없이 소요할 수 있는 공간,
장자의 “무하유지향無何有之鄕”이 아닐까.

어떻게 볼 것인가? 세상의 모든 것은 내가 보는 관점에 의해 결정된다고 생각한다. 좋은 작품이거나 그렇지 않은 작품이라는 것은 중요한 것이 아니다.

無作亭 무작정
40×40cm, 판재에 새김, 2016

무용지용
無用之用

장자莊子에 여러 번 반복해서 나오는 구절이 '무용지용無用之用'이다.
주로 오래 묵은 나무를 주제로 한 우화인데, 그 나무가 인간에게 쓰임이 없었기 때문이다. 즉 배를 만들면 가라앉고 쉬 벌레 먹고 옹이가 많고 굽어 먹줄을 튕겨 집을 짓는데 쓰는 목재군으로 부적절하다는 등등 이유로 천수를 누린다는 이야기다.
그러나 쓰이지 않음은 인간의 관점에서 바라본 것이고 나무 자체로서는 그 쓰이지 않음이 자신에게는 가장 유용한 쓰임이라는 것이다. 이와 유사한 개념은 노자에게도 나오는데 '곡즉전曲則全'이라는 단어이다. 굽었기 때문에 온전하다는 내용으로 장자의 무용지용의 바탕이 되는 개념이다. 하지만 단어의 뉘앙스와 폭의 넓이는 무용지용 쪽이 보다 적절할 것 같다.

느낌은 언어보다 강하다고 했던가? 언어 이전의 순수이미지로의 회귀를 통하여 우리의 깊은 곳에 숨어있는 전설, 신화, 혹은 무의식의 원형을 표출해야 한다.

無用之用 무용지용
90×50cm, 장지에 혼합재료, 2016

화이부동
和而不同

어우러지지만 본질을 잃지는 않는다. 노자의 이야기다.
쉬운 듯 하지만 쉽지 않다. 진리, 본질 등은 파고 들면 들수록
점점 미궁에 빠진다. 어쩌면 답은 사람과 사람 사이,
즉 관계지움에 있는지도 모르겠다.
백이면 백 모두 다른 개성과 가치관을 가진 여러 사람들과
어우러질 수 있다는 것은 그들 모두가 가진 다른 특성 하나
하나를 모두 인정해야만 가능하다고 본다.
사람을 존중하고 인정하는 배려 가운데 스스로의 중심과
가치관을 잃지 않는다는 것은 사실 매우 힘든 일이다.
다른 점을 인정한다는 것은 어쩌면 스스로의 가치를
인정하는 것과 다를 바가 없다.

和 화

53×46cm, 장지에 아크릴릭, 2015

일일삼성
一日三省

대부분의 사람은 생활하는 가운데 스스로를 자각하고 깨어 있는 시간이 그리 많지는 않을 것이다. 하루에 세 번을 살 필 수 있다면 세상을 살아가면서 저지를 수 많은 실수와 미래에 갖게 될 회한을 상당수 줄일 수 있을 것이다.
다른 사람에 대한 배려, 일에 대한 앞뒤 판단 등 실수와 후회를 불러 일으킬 여러 요소를 미연에 차단하는 것도 좋지만 사실 더욱 중요한 것을 하루 세 번 온전히 깨어있는 스스로를 느낄 수 있다는 것이다.
굳이 진아眞我를 운운할 필요는 없지만 매번 깨어있는 스스로를 느낄 수 있다면 인생의 폭과 깊이는 엄청나게 달라 질 것이다.

나의 작업들은 때에 따라서는 존재의 이유에 대한 물음으로 시작되는 것이 많다. 그것들은 어떤 물성 위에 새겨졌을 때 단순히 불리워지는 존재의 의미를 넘어서는 그 무엇이 되는 것 같다.

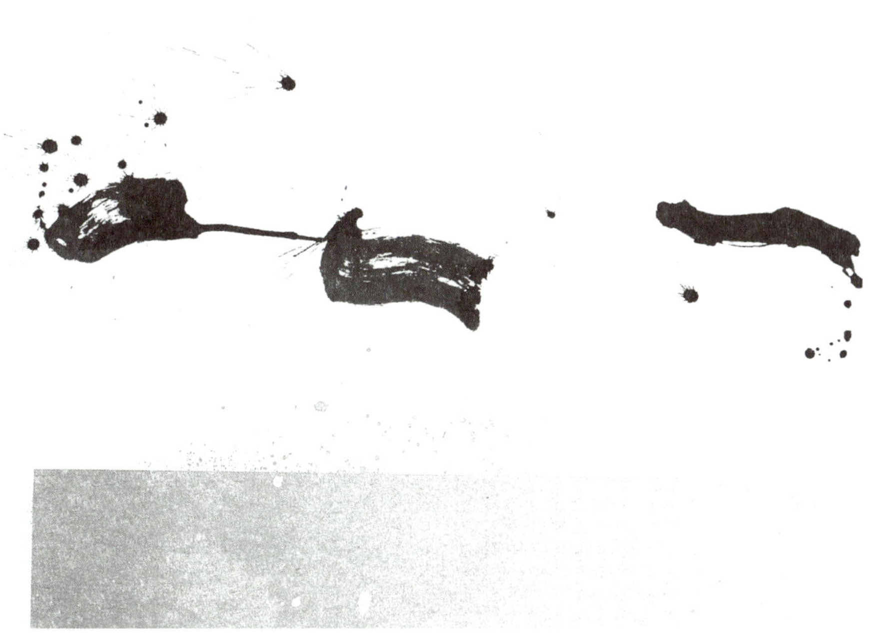

144×103cm, 장지에 실크스트린, 먹, 2020

집중
執中

'중을 잡아라', 혹은 '중도를 행하라'라고 해석할 수 있을까?
나는 1980년대 초 한창 『한단고기』니 『천부경』이니 하는 것에 심취해 있을 무렵, 누군가가 해석한 『천부경』 가운데 '윤집기중允執其中'이란 구절을 접하고 1991년 첫 개인전 때 '집중執中'이라는 작품으로 발표한 적이 있다.
사람의 생각은 끊임없이 변하고 시기나 시간의 흐름에 따라 심취해 있는 논리의 방향이나 구조로 바뀐다. 하지만 중中라는 이 개념은 중용中庸의 중이 되었던 나가르쥬나, 즉 용수의 중도中道 개념이 되었던 항상 음미해 볼 가치가 있는 단어라고 생각한다.

현대에 와서 서예라는 것은 서양화니 동양화니 서예니하는 여러 가지 이름으로 분류된 여러 예술의 개념을 분화 이전의 상태로 표현되는 일종의 원형질과 같은 것이다.

中 중

100×100cm, 장지에 혼합안료, 2015

방하착
放下着

무언가를 놓는다는 것은 쉽지 않다. 그것이 마음 속의 것이든 손에 든 것이든 간에 삶을 살아가다 보면 스스로에 의해 생겨난 원망이던 타인의 실수나 고의로 인한 것이던 마음의 상처는 쉬 지워지지도 잊혀지지도 않는다.
이러한 감정은 마음 속에 오랫동안 존재하면서 끊임없이 스스로를 깎아내리고 괴롭힌다. 원인이야 어디에 있던 결과적으로는 결국 스스로에게 해가 될 뿐이다.
지나가면 짧은 인생이다. 빨리 잊고 털어버리는 것이 현명하다.
손에 든 것도 마찬가지다. 어떠한 것이던 영원히 소유할 수 없다.
베풀고 나눌 수 있는 넉넉한 마음이야말로 스스로의 삶을 풍족하게 할 것이다.
빨리 많이 외우는 것만이 천재는 아니다.
오히려 빨리 잊어버리는 것이야 말로 진정한 천재라고 생각한다.
바로 놓아버리자.

흔들린다. 바람에 여린 가지 흔들리듯 항상 위태롭다. 살아있는 모든 것이 그렇다고 자위하지만 끊임없는 망상과 번뇌는 작품에도 투영되어 변덕 많고 두려워하는 여린 성정을 심조명心造名이라는 이름으로 슬쩍 미화한다.

자사호에 새기고 은상감, 2008

심시불
心是佛

마음이 부처다. 오랫동안 좋아하는 구절이고 이 주제로 작업도 여러 번했다. 어느날 문득 생각하니 이 말이 맞는가 의문이 든다. 마음이란 존재 자체가 모호하다. 이 모호한 작용의 결과가 어찌 명료하겠는가.

크리슈나무르티의 말처럼 깨달음이란 것이 어쩌면 우리의 착각이라면 마음이 부처라는 이 말도 어쩌면 착각이 아닐까.

20년 전 아들과의 대화에서 "나는 요즘 깨달음이 착각이라는 생각이 든다."고 했더니 아들이 "아버지, 그 말은 크리슈나무르티의 말인데요."라고 되받는다. 하여 "크리슈나무르티가 명상에 들어 지금의 내 말을 도용해 갔는지도 모르겠다."고 하자 "아버지, 그런 궤변이 어디 있습니까?"

"글쎄, 이 논리도 지금의 나의 논리가 아니라 과거의 석도石濤라는 중국 화가의 논리를 차용해 온 것이다."

생각해보니 나보다 먼저 이 말을 한 이가 있다는 것이 중요한 것이 아니라 어느 시기에 내가 '깨달음은 어쩌면 착각이 아닐까'하는 의문이 든 것이 더욱 중요하다고 생각한다.

언어 이전의 상태에서 무엇을 본다면 우리는 언어라는 개념으로
확정된 어떤 것으로부터 보다 자유로움을 획득할 것이다.
현대서예라는 것도 따지고 보면 새로운 서예라기보다는 보다
자유로워진 마음의 상태가 서예 본질일 것이다.

佛 불
145×75cm, 장지에 아크릴릭, 2012

보살자끽반래
菩薩子喫飯來

'보살들이여! 밥이나 먹자'
『벽암록』인지 『무문관』인지 기억이 나지 않지만 이러한 화두가 있었던 것이 기억난다. 한 때 젊은 시절 첫 번째 좌우명이 '제 때 먹자'였다. 아무리 일이 바쁘고 여러 사람이 함께 하는 자리에도 나는 가급적 정해진 시간에 끼니를 때웠다.
이러한 습관이 나중에 사회생활 가운데 지나친 술자리나 습관, 스트레스로 인한 끽연에도 불구하고 건강을 유지해 온 첫 번째 단초가 아닐까 생각한다.
물론 이 화두 '보살자끽반래菩薩子喫飯來'의 의미는 정확히 모르겠다. 하지만 나는 그저 이것을 '제 때 먹자'고 해석한다.
먹기위해 사는지, 살기위해 먹는지 따지는 이도 있지만 하여간 인간의 제 때 먹는 행위는 그 무엇과도 비견할 수 없는 가장 중요한 일이다.

세월의 흔적을 쫓아간다. 나의 작업은 시간이 만들어낸 마모되고 묵은 맛을 자연스럽게 드러내거나 오래되고 부식된 여러 사물 위에 슬쩍 얹혀가는 것을 그 바탕으로 한다.

호 부분도
53×40cm, 양지에 아크릴릭, 2015

무위
無爲

무위는 노자 철학의 핵심 가운데 하나이다.
그리고 이 단어의 뒤에는 항상 자연이라는 말이 따라 붙어
'무위자연無爲自然'이라는 용어로 더욱 널리 사용된다.
따라서 무위는 아무 것도 하지 않는 것이 아니라 억지를
배제한 자연스러운 행위 자체를 일컫는다.
사실 원시시대에 자연을 바라보니 모든 것이 저절로 그렇게
된 것처럼 보였을 것이다. 그러나 더 깊이 들여다보면 그 속은
치열한 여러 작용과 이합집산으로 이루어지고 있음을 알게 된다.
물론 더 거슬러 올라가면 아직 인류가 밝혀내지 못한
여러 작용들이 있지만 사실 저절로 그러함은 어떤 범주나
규칙 안에서 그렇다고 정의할 수 있지 않을까?
인간이 어떤 행위를 함에 자연적으로 저절로 그렇게 해나가기는
어쩌면 불가능한 것인지도 모르겠다. 어떠한 목적과 욕망,
끝없는 노력 등이 쌓여 어느 날 자연스럽게 변해가는 것이
아닐까. 아마 노자 역시 처음부터 자연스러운 무위자연을
이야기하지는 않았을 것이다. '성인처무위지사聖人處無爲之事
행불언지교行不言之敎'는 내가 즐겨 작품하는 구절 가운데
하나다. 이 구절은 깊이 성찰하고 행하는 가운데 어느 경지에
이른 사람의 자연스러운 행위를 일컬으리라 생각한다.

화면 위의 자유로움, 원근법의 무시, 비논리성, 기억의 왜곡 등을 통해 평면은 시간과 공간을 동시에 아우르게 된다.

無爲 무위
90×60cm, 장지에 혼합기법, 2012

불매불락
不昧不落

『무문관』 4칙 「백장야호百杖野狐」 장章에 나오는 구절이다.
"깨달은 사람은 인과에 떨어집니까? 떨어지지 않습니까?"라는 질문에 "불락不落"이라고 대답한 과오로 500년간 여우의 몸을 받은 노인이 백장 스님에게 묻는다. "스님 깨달은 자는 인과에 떨어집니까? 떨어지지 않습니까?"라고 하자 백장스님은 "불매不昧"라고 대답한다.
깨달은 자는 인과에 어둡지 않다는 기막힌 대답이다.
어떤 산에서 수 십년을 지낸 사람은 그 산에 대해 너무나 잘 알기 때문에 어두워져 산길을 구분하기 힘들지라도 비탈이나 언덕에서 떨어질 일이 드물다. 하지만 어떠한 변수가 생길지 모르기 때문에 100% 떨어지지 않는다고 장담하기 어렵다.
백장의 대답은 이와 비슷한 논지가 아니겠는가? 하지만 크티슈나무르티의 말처럼 어쩌면 깨달음도 착각이 아닐까?
우리가 가지고 있는 정신과 육체의 굴레는 파고들수록 끝이 없고 모호하며 답을 찾기 힘든 상황에 절대적 깨달음이란 게 과연 존재할 수가 있는지 되묻지 않을 수 없다.

별이 진다. 이 말에 가슴 아파하던 때가 언제이던가. 비록 자연현상에 두려워하고 병에 무지하여 속절없이 스러져 가더라도 달에 대한 환상과 별이 속삭이던 꿈같은 신화에 가슴 두근거리던 그 때가 그립다. 나는 오늘도 바람결에 묻어있는 전설을 화폭에 옮긴다.

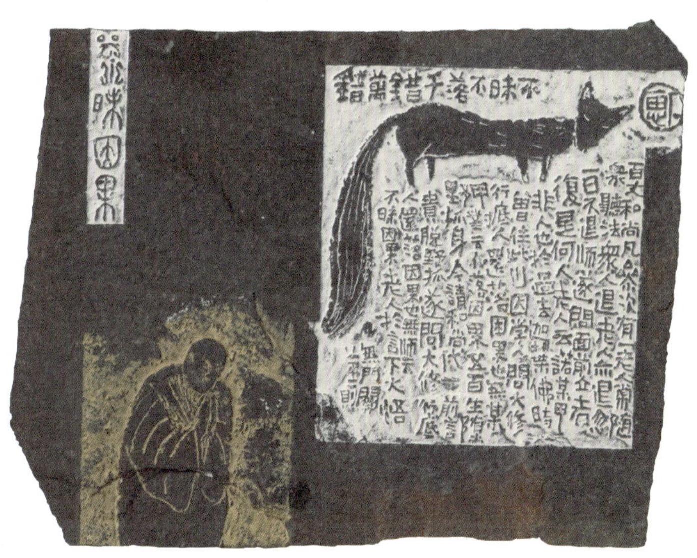

不昧不落 불매불락

26×38cm, 자연석에 새김, 2006

만약에

본인의 과거와 현재를 기준에 두고 어떤 과거의 가정에 대해 이 만큼 깊은 회한과 탄식, 열망과 허망한 기대감을 나타내는 단어가 있겠는가? 시간은 돌이킬 수 없고 역사에 만약은 있을 수 없지만 일상의 대화나 상념속에 이만큼 자주 등장하는 단어도 드물 것이다. 우리는 종종 현재의 모습 속에서 과거 어느 시점이나 어떤 사건 속에서 만약 이러이러 했더라면 과연 지금은 어떤 모습으로, 혹은 어떤 상태로 변해 있을까 상상하고 이야기한다. 물론 있을 수 없는 일이고 불가능한 푸념에 지나지 않겠지만 그 만큼 지난 시간에 대한 아쉬움이 크다는 것을 반영하는 결과라고 생각한다. 그러나 사람들은 종종 지금 이 시간이 세월이 흐른 미래의 어느 시점에서 바라 본 과거의 만약이라는 시점이라는 것을 간과한다.

따라서 우리는 미래의 어떤 시점을 위해 지금 바로 최선을 다해야 하는 것이다. 만약은 혹시 있을지도 모를 뜻밖의 경우를 두고 하는 말이지만 시간을 거슬러 과거로의 회귀는 불가능하다고 생각한다. 물론 스티브 호킹의 경우처럼 시공간을 거슬러 올라가는 것이 가능하다고 하는 경우도 있지만 사실 타임머신이라는 것이 만들어지더라도 다른 복잡한 변수들 때문에 나는 그것이 불가능하다고 생각한다.

한때 언어적 표현의 내용과 문자가 가진 형상을 합일하는 형태를 구상한 적이 있다. 이러한 일련의 작업은 기호학적인 측면하고도 연계가 되어 해체주의적 경향을 띤 적도 있다. 결국 서예에서 그것이 기표記表가 되든 기의記意가 되든 작가적 의지의 표상表象이 중요할 것이다.

九雲夢 구운몽
145×75cm, 장지에 혼합기법, 2012

대상무형
大象無形

노자老子에 나오는 글귀다. 이와 유사한 어법의 구절이 대단히 많이 나오는 장인데, '대성무음大聲無音'이나 '대도무문大道無門' 등도 같은 맥락이다.
급변하는 시대에 과거의 답이 지금의 답이 될 수 없듯이 진리나 혹은 어떤 거대한 프로젝트 같은 것에 일정한 답은 없다.
유연한 사고, 기발한 착상, 여유있는 호흡을 가지고 사물과 사건을 돌아보면 어쩌면 답은 전혀 엉뚱한 곳에 있을 수도 있을 것이다.
이 구절은 답이 없음을 시사하기 보다는 전혀 새로운 형태와 답을 구함에 그 본질이 있는지도 모르겠다. 굳어버린 사고와 기존의 답을 가지고 생활한다면 그 삶은 옹색하고 편협하지 않을까?
멋진 신세계와 풍요로운 삶을 원한다면 기존의 답보다는 사물에 보다 다양한 접근과 그 자체의 순수한 본질에 다가섬이 적절할 것이다.

大象無形 대상무형

50×50cm, 판재에 새김, 2017

무상
無常

항상 그러한 것은 없다.
자연이든 사람이든 항구불변의 것은 없다.
단지 끊임없이 변한다는 사실만이 변하지 않는 사실이다.
살아감에 유연한 사고가 필요하다.
우리가 사물이나 사건에 대해 내린 정의는 정의와 약속일 뿐이지 그것이 본질이라고 할 수는 없다. 본질은 일반적인 언어 체계로는 표현하기가 거의 불가능에 가깝다.
노자에 "도가도道可道면 비상도非常道요, 명가명名可名이면 비상명非常名이다."라는 정도의 표현이랄까?

어쩌면 나의 작업은 그것이 문자가 되었던 그림이 되었던
모두 무정유無情遊가 아닐까?

無心 무심
75×53cm, 장지에 아크릴릭, 2013

2

새가 노래하고
꽃은 춤추네

대몽
大夢

'인생약대몽人生若大夢'이라는 이백李白의 시구가 있다.
인생은 큰 꿈과 같다. 이와 유사한 이야기는 동서를
막론하고 인구에 회자되고 있다.
인생이라는 큰 꿈의 무대에서 어떠한 역할을 하는 것은
전적으로 스스로에게 달려 있다.
이 세계의 주인공은 자기 자신이다. 꿈을 설계하고
실천하며 보다 멋진 인생의 무대를 꾸미는 것이야말로
인생 본연의 목적이 아닐까도 싶다.

夢 꿈

75×53cm, 장지에 아크릴릭, 2013

어락
魚樂

장자莊子와 혜자惠子가 다리 위에 나란히 걷던 중 장자가 다리 아래의 물고기를 보며 “저 물 속의 물고기들이 참으로 즐거워 보이는구나.”하자 혜자가 “자네가 저 물고기들이 아닌데 어찌 즐거운지 아닌지 아는가.”라고 되묻었다.

장자는 “자네는 내가 아닌데 어찌 그리 판단하는가.”하자 혜자는 “내가 자네가 아니듯이 자네 또한 물고기가 아닌데 어찌 물고기의 즐거움을 알겠는가.”라고 되받아친다.

이에 다시 장자가 “자, 처음으로 돌아가서 자네와 내가 다리 위에 서서 물고기를 볼 때 내가 물고기의 즐거움을 느꼈을 때 자네 또한 그리 느끼지 않았는가?”라고 한다.

이 우화는 장자 철학의 정수인 만물제동萬物濟同의 예를 가장 잘 드러내는 이야기다. 사실 우리를 둘러싸고 있는 모든 사물은 눈에 보이지 않는 어떤 선으로 서로 연결되어 있으며 그 근원을 파고 들어가면 그 바탕은 모두 같다는 것을 짐작할 수 있다.

느낌은 언어보다 강하다. 어떤경우에는 우리가 언어나 어떤 논리 이전에 바로 느끼는 경우도 비일비재하다. 마음을 열고 사물을 관조하면 우리의 삶은 훨씬 풍부하고 신비로워질 것이다.

오래된 청동기의 명문이나 비문의 탁본을 보면서 옛사람들의 영원에 대한 갈망을 엿본다. 그러나 그러한 염원들은 지금 우리 눈앞에 퍼렇게 녹슬거나 마모되고 부식되어 묘지명이란 이름으로 누워 있다. 우리의 갈망도 어쩌면 이와 같은 것이 아닐까? 스쳐가는 바람결에 이름과 새김이라는 단어를 떠올린다.

魚樂 어락

45×21cm, 자연석에 새김, 2008

그냥
풀

박현기 선생의 작품에 쓰인 글이다.
난초잎처럼 잎 세 개를 긋고 '그냥 풀'이라고 썼다.
내가 한창 한국 춘란에 심취하던 때여서 오히려 그 발상의 기발함에 탄복을 했다. 난 동호회를 하다보니 난의 본질보다는 그 개체의 희귀성과 금전적 가치에 더 비중을 두는 작태와 자기 것은 진품이고 남의 것은 별가치가 없다는 식의 폐해에 난 생활 자체에 회의를 느낄 때여서 더 더욱 가슴에 와 닿았다.
난을 키우는 것은 나름 매력이 있고 인간의 정신적, 문화적 성숙과 관계가 있다. 그러나 금전과 결탁한 지나친 욕심은 오히려 '그냥 풀'이라는 한 마디로 스러진다. 사실 풀은 생명의 근원이다.
이 지구상 모든 삶의 바탕이다. 어쩌면 난이라는 식물에 지나치게 가치를 부여하는 작태에 비판적인 시각을 나타내는 이 표현이 오히려 풀이 가진 본질적인 소중함을 훼손하는 표현이라고 역설적으로 볼 수도 있다.

바닷가의 모래알 하나에
우주의 역사가 기록되어 있다.

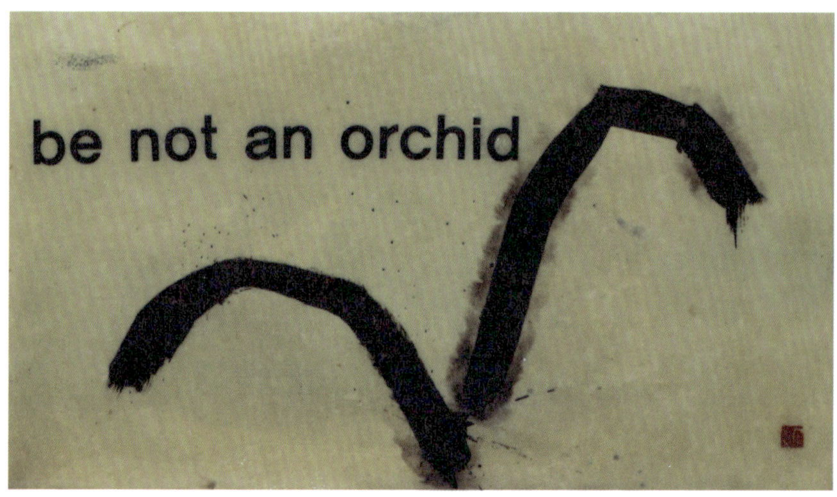

그냥 풀
73×40cm, 장지에 혼합안료, 2020

길은 헐렁한 자루와 같다

"길은 헐렁한 자루와 같다."
박진형 선생의 시 「길 속에서」 첫 행이다.

인생의 길은 하나 만이 아니다. 결정된 하나의 길 조차 경직된 길은 아니다. 유연하다. 헐렁한 자루와 같아 여기저기 쉴 틈이 많고 이것저것 담을 여유가 있다. 인생도 이와 같지 않을까? 이러한 자루 속에 무엇을 담을지는 본인의 결정이다. 빳빳하고 경직된 자루 속에 무얼 담을까? 헐렁한 자루는 어쩌면 보자기와 닮아 있다. 보자기를 묶으면 곧 자루다. 인생이란 길에 이러한 여유는 보다 풍요로운 삶을 담을 수 있을 것이다. 니체의 "정해진 하나의 길, 그러한 것은 존재하지 않는다."라는 말과 서로 통한다.

길의 첫 번째 행로는 내 존재의 기록이다. 메세지의 전달은 문자와 문장을 우선으로 한다. 그러나 기표記表와 기의記意의 합일을 통해 단순히 언어, 문자, 문학이라는 개념과 달리한다.

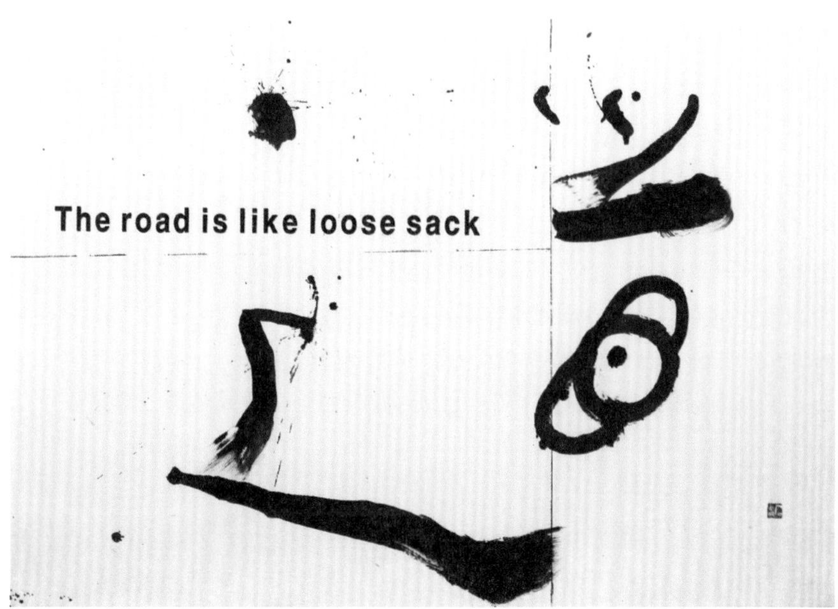

a vague promise
100×73cm, 장지에 먹, 2020

봄바람
가을 달

春風秋月恒好 봄바람 가을 달은 항시 좋다.

우리가 아무리 위대하다고 할지라도 결국 자연의 일부일 뿐이다.
자연을 부정하고 역행하며 정복하려고 하는 것은 결국 나 자신을
부정하고 스스로에게 해를 끼치는 행위다.
죽어서는 모르겠지만 살아서는 자연과 더불어 자연 속에
동화되는 삶이야 말로 우리에게 평온과 안정을 가져다 줄 것이다.
인위적인 현대 생활 속에 봄바람과 가을 달의 정취를 즐길
줄 아는 사람이야 말로 여유있는 삶을 살아가는 사람이라
할 수 있다.

내 작업의 바탕은 무엇인가? 그것은 내가 나로 살아가는
이 땅과 그 것이 이루어낸 여러 특성들의 조합들이다.

春風秋月 춘풍추월

45×35cm, 장지에 혼합기법, 2007

버들은 푸르고
꽃은 붉다

柳綠花紅 버들은 푸르고 꽃은 붉다.

어느 선사의 말이다. 우리가 사물을 본다는 것은 아는 것과 무관하지 않다. 과거에는 서로 간의 약속과 사물에 대한 정의로 모든 것이 관념적으로 바라 본 시대였다면 인간의 사물에 대한 성찰과 과학문명의 발전으로 그것의 본질과 이면으로 파고들어 간 지 오래다.
버들이 푸른 것은 엽록소 때문이고 꽃의 붉음은 그것을 구성하는 시아니딘이라는 색소로 말미암았다고 알고 있다.
또한 우리의 눈이 그것을 지각하는 것은 빛의 흡수와 반사로 망막에 상과 색이 맺히고 신경세포인 뉴런과 시냅스를 통해 뇌가 그것을 인식하기 때문이라고 한다. 하지만 이렇게 끝없이 파고들어도 사실 무엇이 그것의 본질인지 명료하게 정의되고 규정지우기는 어렵다.
때에 따라서는 그저 우리가 이때까지 인식하고 관념적으로 이해하고 있는 버들의 잎은 푸르고 저기 산중에 피어 있는 진달래는 붉다고 단순히 받아들이는 것이 한편으로는 속편한 답이 될런지도 모르겠다.

무의미한 기호들이 어떤 패턴을 가지게 됨으로서
의미있는 무엇으로 바뀌게 되는 것은 아닐까?

a vague promise
56×35cm, 장지에 혼합안료, 2018

대 그림자
계단을 쓸지만

竹影掃階塵不動 대 그림자 계단을 쓸지만 먼지 하나 일지 않고
月穿潭低水無痕 달빛이 못 밑을 뚫지만 물에 흔적 하나 없다.

야부 도천의 『금강경오가해金剛經五家解』에도 나오고,
채근담에도 등장한다.
개인적으로 대단히 좋아하는 구절이다. '대 그림자 계단을 쓸지만
먼지 하나 일지 않고 달빛이 못 밑을 뚫지만 물에 흔적 하나 없다.'는
그 표현의 기가 막힘은 말할 나위도 없지만 이것을 통하여
시인은 더 깊은 무언가를 말하고 있다.
어쩌면 우리가 보고 있고 겪는 이 현상계는 그야말로 그림자,
즉 환계幻界임이 아닌가 하는 의문과 더불어 그것을 바라보는
우리의 인식 체계, 즉 나의 존재의 모호함까지 이야기하고 있다.
이 구절은 홀로 사색에 잠기거나 자연을 관조할 때 더욱 더
특별함을 부여한다.

문자가 갖는 의미와 그것을 통하여 무언가를 설명하려고 하는 것에 서서히 관심이 멀어진다. 그것보다는 오히려 붓과 먹이 갖는 작용과 문자 획의 순수 이미지에 더욱 마음이 간다.

竹影 죽영
60×45cm, 장지에 혼합안료, 2002

함로색
含露色

年少共憐含露色 소년들은 모두 아침꽃을 사랑하고
老人偏惜委塵紅 노인은 시드는 꽃 애석하게 여기나니
如何遂得心中事 어떻게 마음가짐을 터득하여
每要花時不厭風 매번 꽃을 대함에 바람 싫어하지 않을꼬

당나라 시인 유언사劉言史의 꽃에 대한 시이다.
꽃의 시듬과 인생을 비유하여 스스로 늙어감에 어찌하면
의연할 수 있을는지에 대한 한탄의 내용이 담겨 있다.
이러한 것이 어찌 꽃에게만 해당되겠는가.
사람의 삶에 있어서도 태어난지 얼마되지 않은 어린아이의
귀엽고 해맑음을 사랑하고 청춘의 풋풋하고 꽃다운 아름다움을
좋아하며 오히려 늙고 병들어 노쇠한 이는 회피하고 지저분한
어떤 더러운 것을 대하는 듯한 경우가 비일비재하지 않는가?
꽃이 이슬색을 머금었다. 이 얼마나 투명하고 산뜻한가.
어쨌던 시의 내용은 차치하고라도 나는 아침꽃을 묘사한
함로색含露色이라는 표현을 너무도 좋아하여 지난 세월
틈날 때마다 꽃을 그리고 이 구절을 화제로 삼았다.

含露色 함로색

46×38cm, 장지에 아크릴릭, 2012

흐르는 데로 따라 가라

깊은 산중에서 길을 잃은 나그네가 우연히 만난 스님에게 길을 물었다. 스님은 계곡의 물이 흘러 내려가는 곳으로 따라 가라고 했다. 산 위 계곡의 물은 낮은 곳으로 흐를 것이고 물이 흐르는 계곡을 따라 내려가다보면 결국 산 아래 도착할 것이다. 또한 그곳은 예로부터 사람들이 모여 마을을 이룬 곳이 많다. 수류거隨流去, '흐르는 데로 따라 가라.' 기가 막힌 가르침이다. 비단 이것은 산중에서 길을 잃었을 때만 통용되는 법칙은 아닐 것이다. 인생은 살다보면 예기치 않은 장애를 만나거나 나아갈 방향을 가늠하기 어려울 때 우리는 세상과 사건 사물의 흐름을 인식하고 살펴 낼 수 있다면 아마도 나아갈 방향을 찾지 않을까 생각한다.

선은 유기체다. 끊임없이 약동하고 꿈틀거리는
에너지를 전 우주 공간에 찰라간 각인刻印한다.

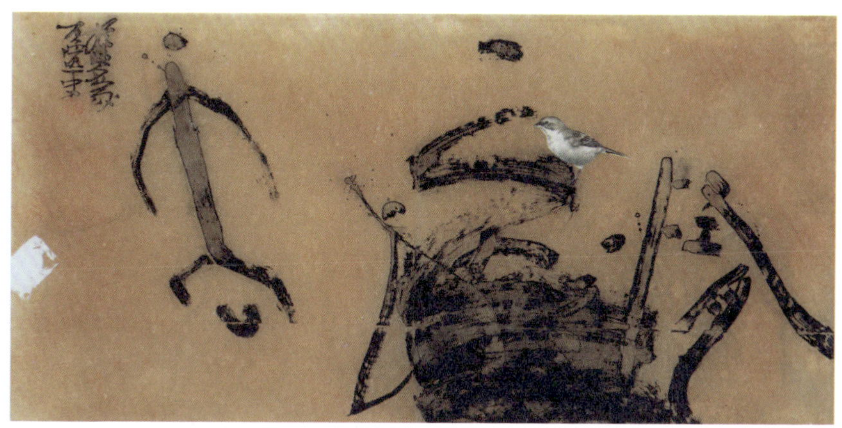

隨流去 수류거
99×49cm, 장지에 혼합재료, 2009

우과
雨過

개인적으로 눈보다는 비를 좋아한다.
성격이 이상한지는 몰라도 해가 쨍쨍한 맑은 날보다는
흐린 날을 좋아하며, 흐린 날보다는 비 오는 날을 좋아한다.
또한 보슬비보다는 천둥 번개를 동반한 컴컴함 속에 폭우처럼
쏟아지는 빗줄기를 더 좋아한다.
이것도 잠시 지나가는 소나기가 아니라 한 사나흘 내리 따르는
장마를 좋아한다. 물론 때에 따라서는 물의 피해로 인한
이재민과 농사를 걱정하는 농민들의 애타는 심정 때문에
스스로의 이 기벽을 나무라기도 하지만 그래로 내리 사나흘
따르는 어두운 장대비를 몹시 좋아한다.
마침내 비가 그쳐 온 세상이 산뜻한 그 짧은 고요함도 좋아한다.
또한 비가 지나가고 순식간에 뽑아올린 신죽新竹의 청아한
자태는 내 마음을 깊이 사로잡는다.

**작품에 대한 구상이 완전히 이루어지기 전에는 붓을 들지마라.
구상이 떠오르고 그것을 스케치하여 대략 흡족하게 느껴져도 실제 작업 과정에는 다양한 변수들이 작용하여 뜻대로 되지 않는 것이 작품이다.**

雨過 우과
53×40cm, 장지에 먹, 2017

정좌처
靜坐處

靜坐處茶半香初 고요한 찻자리 몇 번 우려내어도 차향기 처음 같고
妙用時水流花開 이런 묘한 때 물 흐르고 꽃이 피네.

송대宋代 황산곡黃山谷 선생의 구절로 차에 관계되는 작품을 할 때 유달리 애용하는 문장이다. 이 문장에서 특히 압권은 '정좌처靜坐處'와 '묘용시妙用時'의 절묘한 대비에 있다.
고요히 앉은 자리는 공간적인데 이때 동시에 시간적인 묘한 때를 이야기함으로써 기가 막힌 표현으로 완성해 낸다.
고요한 찻자리의 공간과 동시에 마음 속에서 우러나는 시간의 묘미는 시공간을 넘어 이 구절을 읽는 독자에게 곧바로 연결되는 것 같다.

서양화의 붓질, 특히 유화에서 물감의 중첩이 수평적이라면, 서예의 붓질은 종이 뒷면까지 힘이 작용하는 수직적 에너지의 각인이라고 할 수 있다.

박정호 像

58×48cm, 화선지에 혼합안료, 2006

수청무어
水清無魚

水至淸則無魚 물이 지극히 맑으면 고기가 없고,
人至察則無徒 사람이 너무 지나치게 살피면 따르는 이가 없다.

처음 이 문장을 접했을 때만 해도 이것은 참으로 중국적인 문장이라고 생각했다. 하지만 젊은 시절이 지나고 어느 정도 세상을 살아보니 한편으로는 일리가 있는 견해라는 생각이 든다. 나이가 들어 적당히 노쇠해졌기 때문이라고 생각할 수도 있겠지만 따지고 보면 더불어 사는 인간살이에서 너무 규정이나 법도에 지나치게 매이기 보다는 다른 이들을 보다 관대하고 여유로운 시선으로 살펴나가면 조그만 실수나 사소한 의도는 오히려 너그럽게 넘어 갈 수도 있을 것이다.
그리고 보다 근원적인 문제까지 거슬러 올라가면 생명체의 본성이 살기 위해 하는 행위 자체에 선악을 따지기가 곤란한 경우도 있다. 모든 생명있는 것에 보다 따뜻한 시선과 너그러운 가슴을 가질 필요가 있다.

우연은 머리속의 구상과 다양한 모색이란 철저한 준비 위에 하는 작업의 과정 속에서 나타나는 것이지 막연히 어떤 좋은 것을 기대하고 무작정 붓을 든다고 나오는 것은 아니다. 따라서 작가는 우연을 쫓아서는 안 된다.

水清無魚 수청무어

73×33cm, 장지에 혼합안료, 2011

남산에 구름,
북산에 비

南山起雲 남산에 구름 일자
北山下雨 북산에 비 내린다.

『벽암록』에 나오는 화두다.
지금보니 달리 보이기도 하지만 한 때는 이렇게 해석했다.
시간을 두고 몇 점 작품을 했는데 그 중 60호 정도의 한 점은
독일의 베링거 인겔하임재단에 들어갔다. 그룹의 회장이 직접
미술 고문인 파리 8대학 크네이브 교수와 동양계 비서 한 명을
대동한 채 내 작업실을 방문하였다.
지금도 도대체 이 사람들이 어떤 생각으로, 무엇을 보고,
어떻게 받아들여 이 작품을 선택했는지 의문이 든다.
해석하기에 따라 오류일 수도 있겠지만 당시에는 이 문장을
카오스이론의 나비 효과, 즉 "북경에 나비 한 마리 날아오르자
뉴욕에 태풍이 몰아친다."는 문장을 대비시켜 작업을 해왔다.
세상의 모든 것은 서로 별개의 것이 아니라 눈에 보이지도
느낄 수도 없지만 어떤 끈으로 연결되어 있다고 봤다.
사실 남산에는 맑은 날씨에 흰 뭉개구름만 일고 북산은 검은
먹구름에 둘러싸여 비가 몰아친다고 해석한들 무엇이 달라질까?

南山北山 남산북산

130×82cm, 장지에 아크릴릭, 2009

새가 노래하고
꽃은 춤추네

鳥歌花舞 새가 노래하고 꽃이 춤춘다.

한 때 이 주제로 여러 점의 작품을 한 적이 있다. 사람들의 인식 차이에 의해 새가 지저귀는 소리를 듣고, 한 쪽은 새가 노래한다고 듣고, 또 어떤 쪽은 새가 운다고 느끼기도 했다. 깊이 조사해 본 적은 없지만 서양의 어법에는 새가 노래하는 장면이 많고, 동양은 대체로 새가 운다고 느낀 사람이 많다고 생각한다. 이러한 관점은 동양에서도 듣는 이의 성정이나 환경에 따라 달리 느껴지기도 한다. 우리 인간은 사실 자연을 떠나 살기에는 아직 여러 문제점들이 많다.
세월이 흘러 유전 정보가 인공의 환경에 적절하게 변하더라도 자체가 자연적이기 때문에 어쩌면 불가능한 것이 아닐까 생각이 들기도 한다. 어떤 쪽이 되었던 새가 노래하고 꽃이 춤추는 환희에 가득 찬 자연 환경을 인식하는 이는 오히려 풍요로운 성정과 환경 속에서 멋진 인생을 구가하는 이가 아닐까 생각한다.

서예가 그림과 다른 가장 큰 특징은 한 호흡으로 이루어진 획이 주어진 시간속에 끊임없이 움직이는 운동성에 있다. 현대미술에 있어서 몇몇 현대미술가들의 서예적 요소는 서예적이라기 보다는 문자의 형태나 획이 갖는 이미지를 만들고 칠하고 꾸민 회화일 뿐이다. 본질에 있어 서예와는 거리가 멀다.

鳥歌花舞 조가화무

76×44cm, 장지에 아크릴릭, 2009

무변풍월
無邊風月

無邊風月眼中眼 다함없는 세월은 눈 가운데 눈이요
不盡乾坤燈外燈 끝없이 펼쳐진 공간은 등 밖의 등이다.

어디서 본 문장인지, 또 이것이 그 문장을 정확히 기억한 것인지는 모호하다. 시간의 흐름에 따라 기억이라는 것이 왜곡되고 스스로의 필요에 의해 재편집되는 것 같다. 단지 우리가 살아가는 이 시공간이 비록 가상의 환영일지라도, 또 나 자신 역시 모호한 존재일지라도 현재 바탕이 되는 이 시공간이 절대적인 진리라고 믿지 않을 도리도 없다. 우리가 살아가는 이 공간과 세월 속에서 한번쯤 생각해 볼 가치가 있는 문장이다.

서예의 생명력은 장봉藏鋒이란 개념에서 시작된다. 붓끝을 감추어 덩어리진 획을 이룬 것은 마치 세포가 세포막에 둘러싸여 독립된 하나의 공간을 가지게 되는 것과 같다. 또 중봉中鋒이란 개념은 그곳에 핵을 추가하여 완전한 생명체로서 하나의 단세포를 완성시킨다.

無邊風月 무변풍월

53×40cm, 장지에 아크릴릭, 2000

행도수궁처
行到水窮處

行到水窮處 걸어서 물 다하는 곳에 이르러고
坐看雲起時 그곳에 앉아 구름 일어나는 때를 본다.

누구의 시인지 기억도 나지 않지만 왕유의 「죽리관」과 궤를 같이 한다. 어느 산 속의 시냇물을 거슬러 올라 여러 들풀과 바위들을 보며, 산새들의 지저귀는 소리를 귀로 듣는다. 한 걸음, 한 걸음 나아가 비로소 산 속 깊은 어떤 곳, 정상에 가까운 돌 틈의 석간수가 솟아나는 샘 앞에 발길을 멈춘다. 맑은 물을 한 움큼 떠 목을 적시고 그 옆의 너럭바위에 자리잡고 앉는다. 그리고 무심히 고개를 들어 계곡으로부터 피어나는 구름 한 점을 본다. 고요하고 호젓하다. 왕유의 「죽리관」이 밝은 달빛 아래의 고요함이라면 이 시는 햇빛 쨍한 어느 산중의 적막함을 보여준다. 이렇게 홀로 자연을 관조하고 즐길 수 있다면 삶은 더욱 풍요로워지고 사물 하나 하나의 소중함과 자연과 인생의 깊은 묘미를 깨닫게 될 것이다.

서예는 침묵의 언어이다. 그리고 이러한 침묵 위에 붓의 율동을 통한 몸짓과 획의 다양한 표현으로 엮어진 여러 형태를 통해 미묘한 마음의 울림을 드러내고 있다.

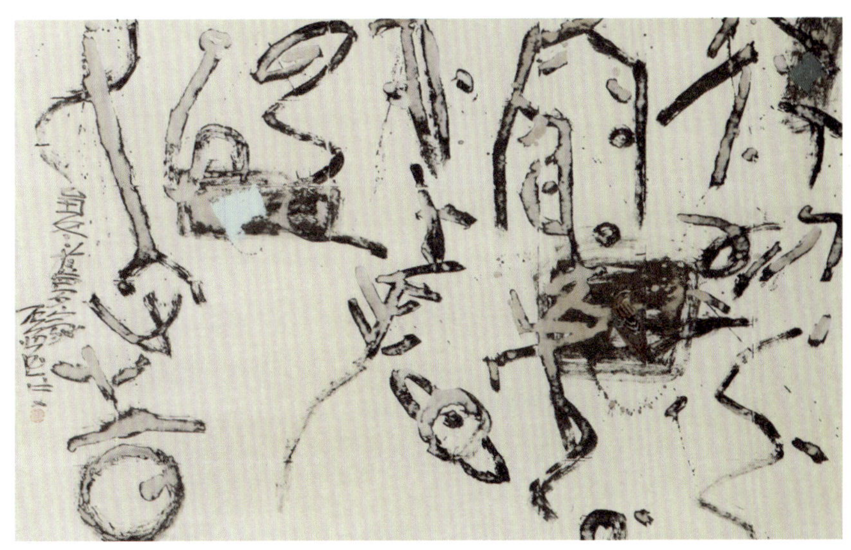

行到 행도

130×82cm, 장지에 아크릴릭, 2009

달빛만
빈 배에 가득

虛船滿月光 빈 배가 달빛만 가득 싣고 오네.

조선시대 어느 분의 시구라고 알고 있다.
고기를 잡으려고 배를 저어 그물을 쳐보지만 그날 따라
한 마리의 고기도 잡지 못하고, 늦은 밤 배에는 달빛만
가득 싣고 돌아온다는 구절이다.
세상살이가 갈수록 녹록하지 않다. 세상 인심도 예전같지 않고
각박하다. 모든 이들이 생활전선에서 열심히 노력하지만 뜻대로
되지는 않을 것이다. 그렇지만 좌절하고 분노하기 보다는
사건과 사물을 있는 그대로 관조할 수 있는 여유를 가져봄도
좋을 것이다
어렵다고 해서 삶이 그리 쉽게 끝나는 것은 아니다.
여유로운 관점에서 바라본다면 세상을 헤쳐 나갈 다른
길도 보이는 법이다.

나는 공空이라는 개념을 좋아한다. 그러나 그것이 명사로서의 Emptiness보다 형용사로서 Empty라는 텅 빈 상태를, 그리고 그렇게 텅 비게 하는 작용에 더욱 마음이 간다.

虛船 허선
100×73cm, 판화지에 실크스크린, 2014

산과 물

山河並大地 全露法王身
산과 물 더불어 대지는 모두 진리의 몸이다.

이 구절이 좋아 1990년대에 몇 번 작품을 해보았다.
어쩌면 진리는 멀리 있는 것이 아니라 바로 가까이 있으며,
관점에 따라서는 나 자신이 진리 자체인지도 모르겠다.
우리를 둘러싸고 있는 공기와 햇빛, 그리고 발을 디디고
살아가는 땅과 물 더불어 우리 자신까지
바로 진리 자체가 아니겠는가?

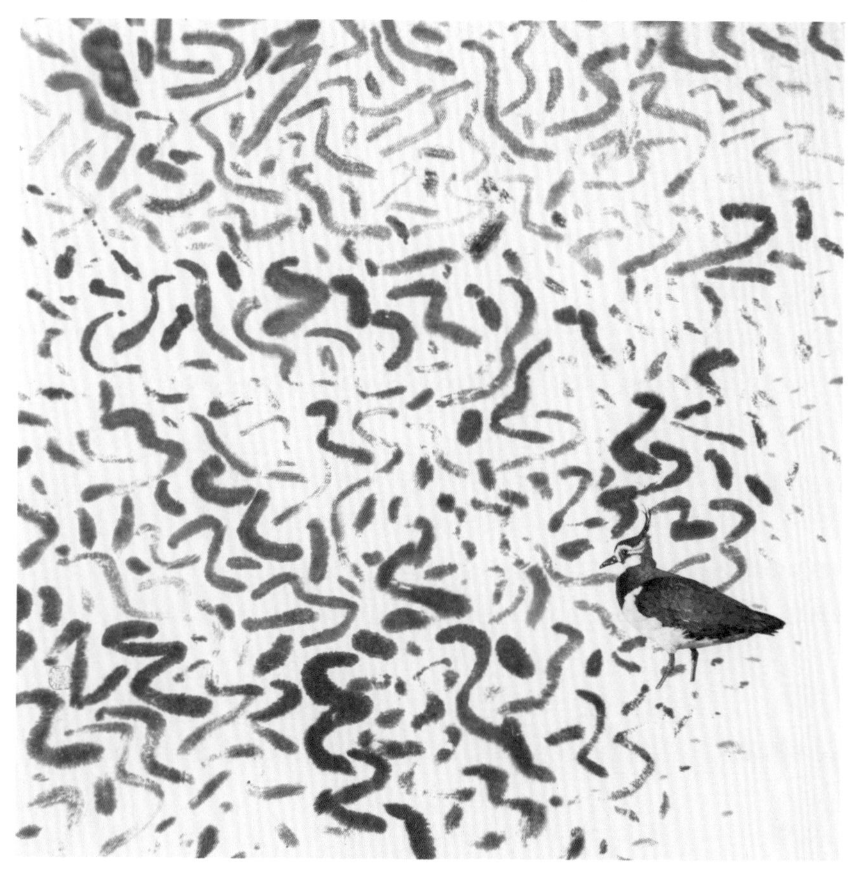

流 094
76×76cm, 장지에 먹, 아크릴릭, 2009

허선촉주인불노
虛船觸舟人不怒

장자에 나오는 구절의 변형이다.
빈 배가 떠내려 와 타고 가는 배에 부딪쳐도 사람은 화내지 않는다. 배를 저어 강을 건너는데 빈 배가 떠내려오면 사공은 그저 혀를 찰 뿐이지만 만일 그 배에 한 사람이라도 타고 있다면 상황은 달라진다.
처음에는 그저 비켜가라고 이야기하지만 두 번째는 목소리가 커지고, 결국에는 싸움이 일어난다는 우화다.
세상살이도 이와 같아서 세상에서 일어나는 일을 좀 더 담담한 눈으로 바라본다면 큰 싸움도 어떤 사단도 비켜 갈 수 있으리라는 교훈을 담고 있다. 물론 경우에 따라서 적용하기 힘든 경우도 있겠지만 양보하는 너그러운 마음을 갖는다면 보다 여유로움이 생길 것이다.

지난 30년 동안 내 작품의 대명제는 '오래된 약속'이었다면
앞으로의 작업 방향은 '모호한 약속'이다.

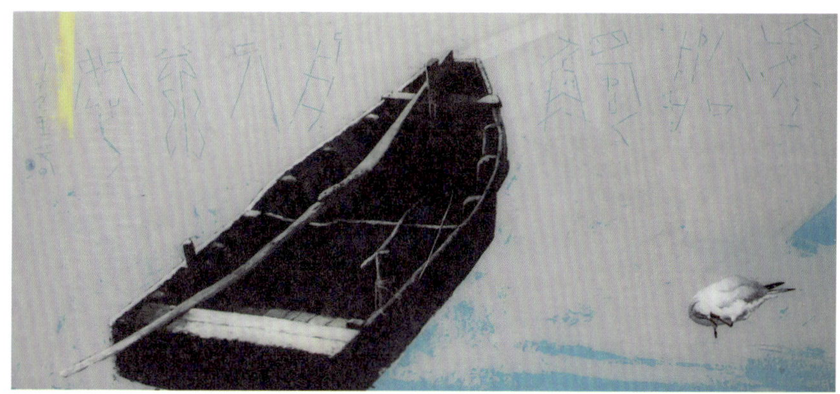

虛船 허선
130×60cm, 장지에 아크릴릭, 2014

상선약수
上善若水

上善若水 水善利萬物而不爭

지극한 선은 물과 같다. 물은 만물을 이롭게 하면서도 다투지 않는다.

노자『도덕경』8장의 첫 구절이다. 노자는 유난히도 물의 덕을 칭송하고 있다. 사실 물의 속성만큼 특이한 것도 드물다. 온도가 올라가면 기체화되어 공기 속에 떠돌고 온도가 떨어지면 고체와 같은 상태로 변하며 그 속성을 바꾸지 않고도 담기는 것의 모양에 따라 응하는 모습이 인간의 삶에 그 처세의 표본이 되어 귀감이 될 만하다. 노자는 뒤이어 물의 덕을 무려 일곱 가지로 나누어 칭송하고 있다.

居善地 心善淵 땅처럼 낮은 곳에 거하고 마음은 연못처럼 고요하며
與善仁 言善仁 행동은 어질고 말에는 신의가 있으며
言善信 正善治 다스리는 것은 정의로우며
事善能 動善時 일 처리는 능숙하며 움직이는 것은 때에 맞는다

몇 군데 논쟁의 여지가 있지만 대단히 훌륭한 견해다. 살면서 물의 속성을 생각한다면 삶이 보다 유연해지리라 생각한다.

서예의 본질은 '중中'이다. 빠르되 빠르지 않고, 느리되 느리지 않다는 상대적 속도 개념도, 끊임없이 운동되어 지는 획과 붓의 중심 이동도 중이다. 서로 피하고 양보한다는 상피상양相避相讓의 개념도 중, 대소 강약, 질삽완급의 조화로운 표현도 중이다.

a vague promise
130×72cm, 장지에 혼합안료, 2020

홀로
앉아서

獨坐幽篁裏　대나무 우거진 숲에 그윽히 홀로 앉아
彈琴復長嘯　금을 연주하고 다시 길게 휘파람을 부니
深林人不知　숲이 깊어 사람은 알지 못하고
明月來相照　밝은 달만 와서 서로 비춘다

왕유王維의 시 「죽리관竹裏館」이다. 아름답고 그윽하며 고적하다. 사람마다 성격이 다르고 취향이 다양하기 때문에 어떤 이는 이렇게 홀로 호젓하게 지내는 것을 견디지 못하는 경우도 많다.
특히 현대사회는 다양한 밤 문화의 발달로 여러 사람이 함께 즐기는 것에 익숙해져 있다. 드물게 홀로 지낸다고 해도 TV나 인터넷 등을 통한 소통으로 엄밀히 말하면 오롯이 혼자라고 이야기하기도 어렵다. 그러한 결과 사회 생활로부터 소외된 어떤 이들은 우울증이나 조울증 같은 정신적 질환에 시달리기도 한다.
인간은 사회적 동물이지만 궁극적으로는 홀로 결정하고 감당해야 하는 외로운 존재이다. 어떤 곳에 고요히 홀로 앉아 풍경을 감상하던 바람소리를 음미하던, 혹은 그것으로 말미암아 스스로의 마음 속으로 침잠해 들어가던, 고요히 홀로 앉아 우주와 나 자신을 오롯이 감당하고 즐길 수 있는 경지, 이것이야 말로 스스로의 존재를 증명하는 시간이 아닐까 싶다.

전 시대에 비해 세계가 좁아지고 동서의 모든 것이 혼재되어 있다. 이러한 현상은 나와 주변을 둘러싼 모든 것에 작용한다. 동양과 서양, 그림과 글씨, 상호 충돌하거나 이질적인 여러 가지 요소 이러한 것들을 한 화면 위에 조화롭게 공존하게 한다.

獨坐 독좌 부분도
Φ 23cm, 놋쇠 쟁반에 새김, 2005

3

도를 도라고
하면

도를 도라고 하면

道可道非常道 도를 도라고 하면 도가 아니고
名可名非常名 이름을 이름이라고 하면 이름이 아니다.

노자 『도덕경』 첫 머리에 나오는 이 말은 탁월한 식견이다. 그렇다고 이 말을 좇다보면 어떤 것도 정의내릴 수 없고, 어떤 행위도 망설여진다. 결국 방향성을 잃고 허무에 빠질 확률이 높아진다.
어떤 사물을 보고 직관적으로 그것의 본질을 다른 어떤 에너지로 묘사하는 능력, 그것이 언어가 되든, 시각적 형태나 소리가 되든 인간만이 가진 이 특별한 치환 능력은 단순히 그것이 본질이 아니다라는 말 한 마디로 무시할 수가 없는 위대한 무엇이다.

道 도

162×112cm, 장지에 아크릴릭, 2013

산회
散懷

"서자산야書者散也 약박어사若拍於事
수중산토호須中山兎毫 불능가야不能佳也"

"서예라는 것은 풀어 없애는 것이다. 만약 일에 쫓긴다면 비록 중산의 토끼털(당시 제일 좋은 붓)로 된 붓으로 쓰더라도 능히 아름답게 쓸 수 없다."는 한대의 서예가 채옹의 「필결筆訣」에 나오는 말이다.
이것은 비단 서예에만 적용되는 말은 아니다.
어떤 일을 하거나 이루고자 하는 것에 매진하고자 한다면 먼저 가슴속에 쌓인 여러 감정들을 가라앉힌 다음에야 비로소 그것에 집중할 수 있을 것이다. 흉중에 쌓인 감정들은 다양하겠지만 분노, 스트레스, 일에 대한 압박감 등 여러 요인들이 될 것이다. 따라서 살아감에 항상 가슴 속에 쌓인 여러 요소들을 날려버림으로서 일에 대한 성취 뿐만 아니라 삶 자체로 훨씬 가벼워질 것이다.

散懷 산회

21×7×7cm, 자연석에 새김, 2006

중
中

『중용中庸』 서序에 "불편지위용不偏之謂庸
불역지위용不易之謂庸"이라 하였다.
치우치지 않은 것을 중中이라 하였는데, 중은 어디에서
어디까지로 표현되는 위치의 중간이 아니다.
굳이 예를 들면 성적이나 줄서기의 경우 가운데
위치한 것을 중이라 오해할 수도 있다.
중中이라함은 스스로 우뚝섬을 이야기할 수 있고,
의지하지 않고 우주의 중심이 나라는 인식도 중이라
할 수 있겠다. 공자의 충서忠恕 가운데 충忠, 즉
스스로에게 엄격함도 면밀히 따져보면 중이라 볼 수 있다.
한 평생을 살아가는 가운데 중심中心을 잃지 않는다면
큰 과오는 없으리라 생각한다.

노자에 "천지불인天地不仁"이라는 말이 있다. 내용의 이면을 성찰하기에 앞서 이렇게도 무정한 말이 있구나 싶다. 요즘 들어 문득 인생은 무정한 놀음이 아닐까하는 생각이 든다.

a vague promise
133×67cm, 장지에 혼합안료, 2019

심외무법
心外無法

중국 명대의 유학자 왕양명의 이야기다.
양명이 어느 날 제자들과 산에 나들이를 나갔다.
친구이자 제자인 한 사람이 양명에게 멀리 핀 꽃을 가리키며
"선생님, 평소에 마음 밖에는 사물이 존재하지 않는다고
하였는데, 저기 핀 꽃은 우리가 보든 말든 저 산중에서
홀로 피고 지는데 어떻게 생각하십니까?"라고 묻자 양명은
"그대가 오늘 와서 저 꽃을 보지 않았다면 과연 지금 묻는
그 의문이 생겨났겠는가? 그대가 오늘 와서 저 꽃을 봄으로써
비로서 그와 같은 의식이 생겨나지 않았겠는가."라고 말한다.
왕양명 심학心學의 대표적인 일화다. 이와 유사한 이야기는 많다.
불교의 '일체유심조一切唯心造'나 '만법유일심萬法唯一心'과
유교 대학편의 '심불재언心不在焉 시지불견視之不見
청지불문聽之不聞' 등이 바로 그것이다.

삼류작가의 노후 대책 - 스스로 낮추고 적게 쓰고 혼자 즐기기.

心外無法 심외무법
162×112cm, 장지에 아크릴릭, 2013

용심여경
用心如鏡

至人之用心如鏡 지인의 마음 씀씀이는 거울과 같다.

장자에 나오는 말이다. 거울은 과거도 없고 미래도 없다.
응하지만 감춰두지는 않는다는 문장으로 기억한다. 어쩌면 상당히 비인간적인 글이다. 감정을 가진 인간이 희노애락에 휘둘리지 않고 과거의 여러 앙금들이 마음 속에 일체 남아 있지 않으며 다가 올 미래에 대한 어떤 생각들이 없다면 이것을 사람이라 할 수 있을까하는 의문이 든다. 사실 모르겠다.
정신의 경지가 높아지고 수 없는 수양 끝에 이러한 곳까지 이르렀는지 모르겠지만 바람직하지는 않은 것 같다.
이 문장이 시사하는 바는 오히려 과거의 여러 감정들에 지나치게 얽매이지 말고 다가올 미래를 막연한 걱정으로 채우지 않았으면 하는 정도로 보는 것이 타당하겠다.
한 때는 이 문장이 너무 좋아 작품으로 만들고 여러 곳에 떠들고 다닌 적이 있다. 지금 생각해보니 그때는 왜 그랬는지 모르겠다.

어떤 이는 사막의 여행을 좋아한다고 한다. 그 광활함과 길 없음이 그렇게 자유로울 수 없다는 것이다. 그러나 그 여행은 확보된 안전성 위에 다양한 편의가 제공된 이미 만들어진 길일 뿐이다. 인간은 개척된 길 앞에 편안하다. 예술가가 외롭고 힘든 것은 길 없는 길을 걷고 있기 때문일 것이다. 길에 대한 불확실성, 의논할 이도 없는 고독, 힘든 생활고 등이 예술가의 정신과 육체를 갉아 먹고 있다.

用心如鏡 용심여경
3×3cm, 납석에 새김, 2020

군자
君子

君子不受小人之侮 군자는 소인의 모멸을 받지 아니하고
虎豹豈受犬羊欺 호랑이나 표범이 개나 양에게 속임을 당할 것인가.

중국 『고사성어고故事成語考』에 나오는 구절로
나는 많은 작품을 통하여 입에 달고 사는 구절이다.
군자나 호랑이의 당당함을 드러내는 문장인데, 세상을 살아가면서
느끼는 것은 같은 사람일진데 그 드러내는 성정은 천태만상이다.
목적을 위하여 수단 방법을 가리지 않고 때에 따라서
뻔뻔할 정도의 야비함을 보이는 사람도 있다.
인생에 정답은 없지만 분명한 사실은 홀로 살아갈 수 없고,
항상 여러 사람과 더불어 삶을 영위한다는 것은 틀림없는 사실이다.
나의 삶은 내가 주인공이다. 남에게 어떻게 보일지는 어쩌면
중요하지 않을 지도 모르겠지만 스스로의 당당함과 호연지기는
자신에게 보다 힘찬 삶을 부여하지 않을까 한다.

많이 흔들린다. 어느덧 노화되어 가는 육체, 무너지는 경제력, 미래에 대한 불확실성은 그 동안 걸어온 나의 행보를 뒤흔들기에 충분하다. 현실과 제도라는 웃기는 괴물에 자존심이 상한다. 사실 젊은 시절처럼 활기도, 자신감도 많지 않다. 스스로 삼류작가라 칭하며 집과 작업실만을 오가지만 뚜렷한 삶의 목표조차 잃어 버렸다. 지금은 그저 붓과 칼을 벗하며 가난을 즐긴다고 스스로의 마음마저 속이고 있다.

虎 072
58×32cm, 크레프트지에 아크릴릭, 2007

물여아개무진
物與我皆無盡

소동파의 「적벽부」에 "물여아개무진物與我皆無盡"이라는
구절이 나온다. 사물이 변한다는 관점에서 보면 일순간이라도
변하지 않는 것이 어디 있으며, 변하지 않는다는 관점에서
본다면 사물과 더불어 내가 다함이 없다는 뜻이다.
사물을 바라보는 관점에 대한 예리한 탁견을 보여주고 있다.
이 대목은 동파의 불교적 영향을 보여주는 구절이며,
현대 아원자물리학의 관점과도 무관하다 할 수 없다.
인간도 자연의 일부분이다. 큰 관점에서 본다면 태어나고
죽는 것도 자연의 순환원리이다. 어느 사회학자는 "어쩌면 인간은
DNA를 실어날으는 택시에 불과할런지도 모르겠다."고 했다.
나와 부모 자식으로 이어지는 DNA의 유전은 영생을 향한
생명체의 절묘한 장치이자 염원의 결과라고도 할 수 있다.
따라서 어떻게 보느냐에 따라 나 자신이라는 존재는 우주의
일부분인 동시에 우주 자체라고도 할 수 있다.

幽谷 유곡

46×38cm, 장지에 아크릴릭, 2013

나날이
좋은 날

사물은 보는 관점에 따라 전혀 다른 모습을 보인다. 양자물리학자인 하이젠베르그는 "우주는 우주를 관찰하는 관찰자의 주관에 따라 결정된다. 우주가 끝이 있다고 생각하는 사람은 끝이 있는 우주에 살며 끝이 없다고 생각하는 사람의 우주는 끝이 없다."고 이야기한다. 저 유명한 불확정성의 원리이다. 빛의 속성도 마찬가지이다. 빛은 연구자의 관점에 따라 파동으로 존재하기도 하며 입자로서 결과를 드러내기도 한다. 소위 입자 파동설이다. 이처럼 과학의 진전으로 드러난 우주의 속성 뿐만 아니라 우리의 삶에 있어서도 보는 관점에 따라 전혀 다른 모습과 결과를 드러내기도 한다.

나날이 좋은 날, 일일시호일日日是好日. 이렇게 읽는 것만으로도 기분 좋은 말이다. 짧다면 짧고 길다면 긴 인생에 하루하루 즐겁게 보람찬 일들로 가득 찬다면 우리 인생에 이보다 더 좋을 수는 없을 것이다. 우리가 생각하는 주체인 마음의 실체가 모호하다고 해도 어차피 이 모호한 실체가 기반이다.

모든 사물을 아름답게 보고 하나 하나의 일을 긍정적으로 받아들여 하루 하루가 좋은 날이 되길 노력한다.

가스통 바슐라르처럼 항상 꿈을 꾼다. 프로그래밍된 DNA의 바탕 위에 특화된 경험이라는 것을 더한 자아自我라는 모호한 놈이 웃기게도 꿈이라는 더 모호한 놈을 키운다. 그것들은 신기루처럼 나타나서 햇살 아래 산화하는 안개처럼 스러진다. 그 중 일부 알갱이들이 작품이라는 이름하에 버젓이 세상에 나돈다.

日日好日 일일호일

80×30cm, 장지에 먹, 아크릴릭, 2008

배우고
익힌다는 것

내셔널 지오그래픽에서 촬영한 다큐멘터리 중에서 어린 새끼 동물들의 성장기를 방영한 것을 본 적이 있다.
수달과 펭귄, 물개의 어린 새끼들이 학습하고 커가는 여러 장면들이 방영되었는데 어느 개체 하나 없이 그 과정은 엄격하고 냉정하였다.
그 중 수달의 경우 어느 지점에 냉정하게 젖을 떼고 사냥으로 유도하는 장면에서 멘트는 그것을 '냉정한 사랑'이라고 표현하였다.
또한 제비갈매기는 아랫부리가 훨씬 길어 물 위를 스칠 듯 날면서 아랫부리를 물에 넣어 물고기가 걸리면 순간적으로 부리를 오무려 고기를 낚아챈다. 그 모습을 본 어린 새끼는 부리를 앞으로 내밀고 뒤뚱거리면서 달리는 연습을 한다. 조금 더 크면 얕은 물에서 부리를 벌리고 물 위를 달리는 훈련을 한다. 잠시 쉴만도 하건만 끊임없이 혼자서 연습하는 장면이 매우 인상 깊었다.
어떻게 본능이 프로그램화되어 있기에 저렇게 어릴 때부터 죽자사자 연습에 매달리는지 의문이 들지 않을 수 없었다. 결과는 역시 사느냐 죽느냐였다. 방송 내용은 그곳이 4주 후에 10m 높이의 물에 잠기기 때문에 그 전에 모든 훈련을 끝내고 날아 올라야 살 수 있다. 어린 동물의 경우지만 시사하는 바가 크다.
논어 첫머리에 "학이시습지學而時習之 불역열호不亦悅好"라는 구절이 나온다. 배우고 때로 익히면 또한 즐겁지 아니한가?라는 이 구절은 처음부터 지금까지 나에게 별 큰 감흥을 불러오지는 못하였다. 하지만 이 다큐멘터리를 보는 순간 논어의 이 첫구절은 특히 '배우고 이것을 때때로 익힌다'는 내용이 가슴깊은 곳에서 다시 솟구쳐 오른다.

배우고 익히는 것에 끝이 있겠는가. 어린 시절에는 성년이 되어 사회에 나가서 적응해야할 여러 요소들을 배우고 익혀야 할 것이고, 성인이 되어서는 전문 분야의 특수한 일부터 대인관계 등 여러 패턴들을 연구하고 익히고 적용해야하며 새로운 가족 관계 뿐만 아니라 그야말로 생존경쟁의 시대에서 살아남기 위한 몸부림을 쳐야하는 것이다. 그리고 늙어서도 마찬가지로 주변관계의 정리부터 삶의 마감방법까지 다양한 요소들을 배우고 익혀야 하는 것이 아닌가 하는 생각이 든다. 이 구절 '배우고 때로 익힌다'는 내용이 논어의 첫 서두를 장식할만 하다는 생각이 나이 60이 넘어 이제야 비로소 든다.

學 학

35×31cm, 장지에 먹, 2020

백련천마
百鍊千磨

'백 번이고 천 번이고 수 없이 반복 연습한다'는 뜻의 백련천마百鍊千磨는 대학교 3학년 때 서예를 배우기 위해 찾아간 남석 이성조南石 李成祚 선생님이 나에게 써주신 종액의 내용이다. 이 작품을 해주시면서 "서예는 반복 훈련만이 답이다."라고 말씀하셨다.

물론 이전부터 잠을 줄여 붓의 훈련에 매진하였지만 이 문장을 접하고는 더더욱 정신을 가다듬었다. 사실 대학 입학 이후 고등학교 교직을 그만둔 1992년까지 하루에 4시간 이상 잠을 자 본 적이 없다. 물론 이 말은 비단 서예에만 국한되지는 않는다. 다른 분야의 숙련된 솜씨를 요하는 어떤 일에든 이 말은 유효하다.

같은 조형예술분야지만 서양화의 유화 붓과 서예 모필의 경우 다소간 차이가 있다. 물론 숙련된 연필선과 유화 붓의 놀림은 고수와 하수의 차이가 확연하겠지만 서예의 경우는 모필의 사용이 유화나 연필선에 비해 훨씬 복잡한 운동과 다양한 표현의 훈련이 요구된다.

때에 따라서는 모필의 훈련 자체가 바로 서예 본질이라고까지 표현해도 과하지 않다고 생각한다. 그러므로 모필의 반복된 훈련은 찰나간에 생사가 결정되는 검객의 칼 훈련과 가장 흡사하다고 할 수 있다.

서예의 운동성은 음악이나 무용과 같이 시간 위에서 이루어지고
또한 그것은 과거 전쟁에서 이루어지는 무사들의 칼과 같이 찰라간에
생사가 결정된다.

習 습

39×39cm, 장지에 먹, 2020

process

많은 사람들이 살아가면서 크고 작은 목표를 세운다.
그런데 대부분의 사람들은 그 목표를 이루기 위해 과정의 중요성은 잊어버리고 단순히 목표에 도달하는데만 온 신경을 기울이는 경우가 많다. 이러한 경우 목표를 달성한 상당수의 사람들이 목표 달성 후의 허망함과 큰 상실감을 겪는 경우가 많다.
이러한 허탈감은 단순히 목표만을 쫓다가 그 과정을 무시한 대다수의 사람들이 겪는 현상이다.
삶이란 결국 죽음에 이르러고 그 죽음이야 말로 삶의 마지막 목표, 즉 도달점이 아닌가 싶다. 결국 삶이란 죽음에 도달하는 과정이라고 해석할 수 있다. 따라서 어떠한 목표를 세우고 그것을 달성하는 것도 중요하겠지만 사실은 그 목표를 향해가는 그 과정이 본질이 아닐까 싶다.

모든 것이 모호하다. 모든 것이 길이며 답이다. 좋은 답도 틀린 답도 없다. 단지 내가 선택한 길이 스스로에게 보다 매력적인지, 불편한지 하는 속성과 특성만이 있을 뿐이다. 그렇지만 어떤 것이 되었던 우리는 그 길을 선택할 필요는 있다. 왜냐하면 그 길의 특성에 따라서 우리의 인생과 방향, 색깔 등이 결정되기 때문이다. 예술도 마찬가지이다. 하루 하루 나의 선택이 나의 작품의 방향과 특성으로 결정되어 자라난다.

法身 법신

53×41cm, 장지에 먹, 아크릴릭, 2010

지지 호지 낙지
知之 好之 樂之

『논어』에 "지지자知之者 불여호지자不如好之者, 호지자好之者 불여낙지자不如樂之者"란 글이 있다. 이것을 아는 것은 이것을 좋아함만 같지 않고, 이것을 좋아하는 것은 이것을 즐기는 것만 같지 않다는 유명한 구절이다. 그런데 이 문장이 인구에 회자되는 동안 몇몇 이에게는 왜곡되어 아는 것은 필요없고, 단순히 즐기면 된다는 이상한 논리로 변질된 것을 종종 목격하기도 한다. 사실 이것이 학문이든, 어떤 물건이든, 혹 사람의 경우에도 먼저 아는 것이 선험되지 않은 상태에서 과연 진정으로 좋아하고 그것을 깊이 즐길 수 있을까 하는 의문이 생기지 않을 수 없다. 나는 이 문장이 아는 것과 좋아하는 것, 그리고 즐기는 것의 비교가 아니라 먼저 깊이 알아가는 가운데 진정으로 좋아함이 생기고, 더 나아가 즐길 수 있는 경지까지 이르른다는 말이라고 해석한다. 따라서 이 문장을 다시 이것을 알고 이것을 좋아하고 이것을 즐긴다는 지지知之 호지好之 낙지樂之로 바꾸고, 몇 번의 작품을 하였다.

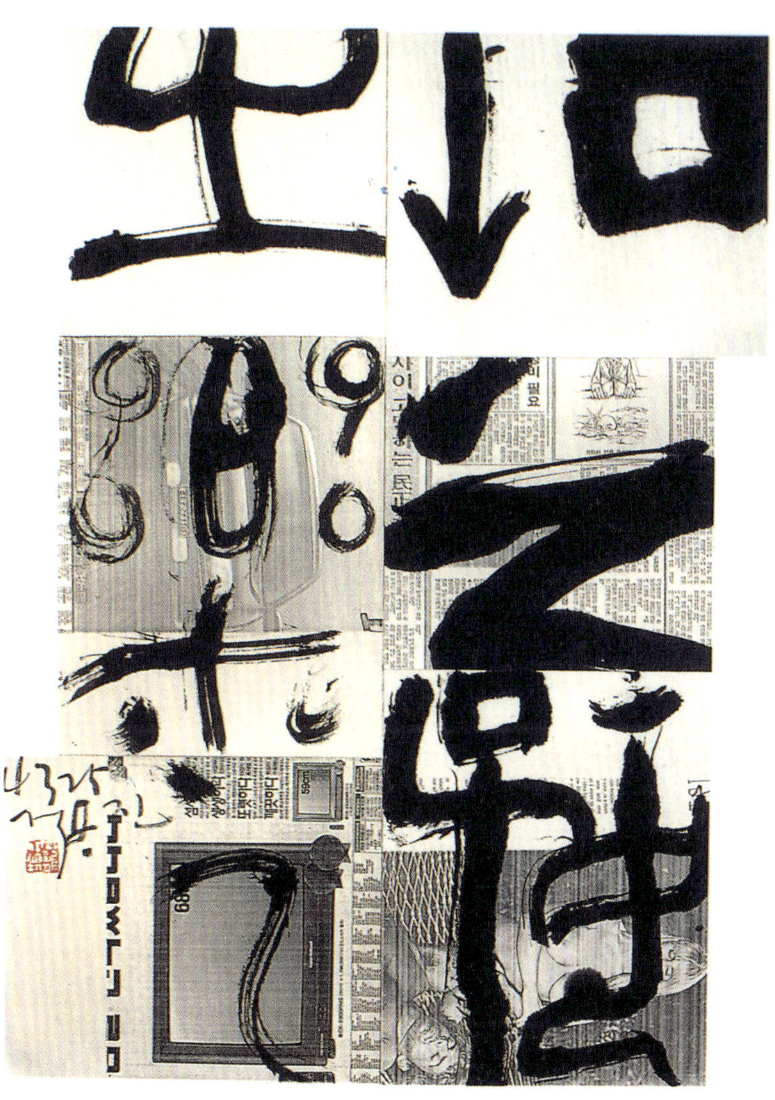

知之 好之 樂之 지지 호지 낙지

140×70cm, 화선지에 프린트, 먹, 1991

충서
忠恕

공자는 "내 도는 하나로 꿰어져 있다. 그것은 바로 충서忠恕이다."라고 하였다. 자기 자신에게는 엄격하고 남에게는 관대하다는 것, 그것이 바로 충과 서다. 언뜻 들으면 굉장히 쉬운 말 같지만 살아가면서 겪어보면 이 말처럼 실천하기도 어려운 덕목도 드물다. 대부분의 사람은 어떠한 장면에 접하면 스스로 합리화하여 자신에게는 관대하고 오히려 상대에게는 엄격한 잣대를 들이밀며 정의인 양 하는 경우가 많다. 요즘 말로 하면 내가 하면 로맨스요 남이 하면 불륜이라는 '내로남불'이 대표적인 예다. 이천여 년이 흘렀지만 공자의 충忠과 서恕라는 두 단어는 지금도 여전히 유효한, 또 필요한 단어가 아닐까 생각한다.

전각篆刻에 있어서의 필의筆意와 도의刀意는 서로 상보적 관계이다.

忠恕 충서

2,3×2cm, 납석에 새김, 2020

빈이락
貧而樂

부를 축적한다는 것은 참으로 쉽지 않다. 옛날에는 단지 본인이 게으르기 때문에 밥을 굶는다고 생각했고, 스스로 노력하면 산 입에 거미줄 치지 않는다고 믿었다. 그런데 단지 먹기 위해서 산다면 힘이 들고 인간적인 대접을 받지 못할지라도 억지로나마 근근히 버틸 수 있을는지도 모르겠다. 하지만 상황이나 본인의 상태에 따라 그마저도 쉽지 않은 경우가 비일비재하다.
빈익빈 부익부의 현상이 점점 심해지고 타인을 배려하지 않는 사회적 이기주의의 만연과 더불어 사회 제반 제도나 구조적 다변화로 인해 이러한 어려움은 점점 심해지리라 생각한다.
20대 초반 예술가의 길에 인생을 걸을 때만 하더라도 스스로 노력하고 어느 정도의 위치에 가게 되면 먹고 사는 것은 문제가 없지 않을까하는 막연한 기대감을 가졌다. 하루 4시간의 수면 상태를 20년 가까이 유지하면서 나름 수 많은 독서와 수완 연마를 통해 분야에서 어느 정도 위치에 이르렀다고 생각했다.
그런데 먹고 사는 문제는 본인 스스로의 예술적 성취와 비례하지는 않는 것 같다. 협회의 활동, 심사 참여를 통한 비리, 예술 수준과는 관계없는 대인관계 등등 작품의 수준과 정신의 성장은 함께 나아가는데 현실은 스스로의 정신 수준을 낮춰야 적응할 수 있으니 이것이야말로 모순이 아닐 수 없다. 물론 스스로를 낮추지 않고 현명하게 처신하는 사람도 있다.
하지만 예술의 성취와 작가로서 세계적 명성을 얻어가는

방법론적 차이에서 갈등을 겪을 수 밖에 없었던
나의 경우는 어쩌면 사회 부적응자라고 판단할 수 밖에 없다.
글을 쓰면서 왜 이리 넋두리로 변하는지 모르겠다.
공자의 가난할지라도 인생을 즐긴다는 '빈이락貧而樂'을
핑계 삼아 스스로를 합리화해 본다.

安貧 안빈
자사호에 새김, 2019

우보천리
牛步千里

소걸음으로 천리를 간다. 이와 유사한 말이 많다. '천리길도 한 걸음부터'라는 우리 속담도 같은 맥락의 말이다. 또한 거북이와 토끼의 경주 이야기도 같은 내용의 교훈을 우리에게 보여주고 있다. 세상을 살아가면서 타고난 재능과 두뇌가 있다면 무슨 일을 하건 상당히 손쉽게 느껴질 것이다. 그렇지만 세상은 참으로 공평하다. 두뇌와 재능, 노력, 성실이라는 단어가 한 사람에게 집중되는 경우는 매우 드물다. 대부분 재능이 있으면 어느 샌가 교만과 나태라는 굴레에 묶여버리고, 재능이 부족한 사람은 그것을 노력과 성실이라는 무기로 메워나가는 경우가 많다. 사람의 두뇌와 재능은 어떤 의미에서 큰 차이를 보이지 않는다. 물론 차이가 있겠지만 그것은 매우 근소한 도토리 키재기 정도라고 본다. 나는 삶이 과정이라고 생각한다. 어떤 일의 성취보다는 그 성취를 이루어 나가는 과정이 보다 본질이라고 본다. 따라서 재능에 의해 무엇을 쉽게 이루는 것보다는 그것을 이루기 위한 노력이 더 중요하지 않을까. 물론 깊이 있는 어떤 것에 도달하기 위해서는 재능만 가지고 이룰 만큼 쉽고 만만한 것은 없다. 묵묵히 한 걸음, 한 걸음의 정진만이 길고 긴, 어떤 아득하고 묘한 깊고 높은 데까지 도달하는 최고의 재능이다.

서양의 미술, 특히 회화와 조각, 건축은 공간을 설계한다든지 공간을 장악한다라는 표현을 자주 쓰지만 화선지에 먹이 스며드는 서예의 경우에는 먹이 종이에 스며들어 오히려 공간과 일체화된다는 표현이 보다 적절할 것이다.

牛步千里 우보천리
26×16cm, 자연석에 새김, 2009

우공이산
愚公移山

중국의 북산에 아흔살 노인이 살았는데 집 근처에 태행산과 왕옥산이라는 거대한 두 산이 자리잡고 있어 외부와의 교통에 많은 어려움이 있었다. 그래서 가족회의를 하여 그 산을 없애기로 하여 지게로 한 번 흙을 져 발해에 버리는데 왕복 1년이 걸렸다.
이것을 본 이웃들이 이 일은 대단히 불가능한 어리석은 일이라고 말렸지만 노인은 "아니 내가 하는 데까지 하다 안되면 아들이 이어받고, 또 나아가 손자까지 이어져 계속 하다보면 언젠가는 되겠지요."라고 이 일을 계속해 나갔다. 때문에 왕옥산과 태행산을 지키는 두 산신령이 이 사실을 옥황상제께 보고하고 이 일을 어이하면 좋겠느냐고 하소연하자 옥황상제는 고민하다가 산을 다른 곳에 옮겨 주었다.
이 고사를 통해 우리는 어리석은 사람이 산을 옮긴다고 해석하는데 사실 이것은 탈무드에도 나오는 "신념이 산을 움직인다."는 표현을 다른 방식으로 풀이한 고사다.
우리는 살면서 많은 목표를 세우기도 하고 또 다른 수 많은 난관에 부딪히기도 한다. 어떤 사람은 조그마한 장애에도 좌절하여 무너지기도 하고 또 어떤 이는 더 큰 거대한 난관도 헤쳐나가 기어이 그 목표를 달성하는 사람도 있다.
물론 신념이 있고 의지가 강하여 열심히 그 일에 매진한다고 하여 그 일이 이루어진다는 보장은 사실 없다. 그러나 일의 성사

여부에 관계없이 어떤 신념을 가지고 여러 난관과 장애를 극복하며 나아가는 과정이 오히려 그 본질이 아닐까 생각한다.

愚公移山 우공이산
3×3cm, 납석에 새김, 2020

새옹지마
塞翁之馬

회남자淮南子 「인간훈人間訓」의 첫 구절인
"부화복지전상생夫禍福之轉相生 기변난견야其變難見也"는
무릇 화와 복이 돌아 서로 생겨나는 변화는 예측하기 어렵다는 뜻이다.
어느 변방 점쟁이의 말과 연관된 고사이다. 그가 키우던 말이
이유없이 호나라 땅으로 넘어갔다. 사람들이 이를 안타까워했다.
그러자 그 점쟁이는 "이 일이 복이 될런지 누가 아오?" 몇 개월 후
그 말이 호나라의 준마와 함께 집에 돌아오니 사람들이 이를 축하하자
그는 "이 일이 화가 될지 어찌 아오?" 집에 좋은 말이 많아져 말타기
좋아하던 그 아들이 낙마하여 다리가 부러졌다.
사람들이 이것을 애도하니 그는 "이 일이 복이 될런지 어찌 알겠소?"
1년 후 호인이 변방에 쳐들어와 변방 근처의 장정들이 전쟁에
끌려나가 열에 아홉이 죽었지만 그 부자는 연로함과 다리 병신으로
그 삶을 보존할 수 있게 되었다. 따라서 화가 복이 되고, 복이 화가 되는
그 변화는 깊어 도저히 예측하기가 어렵다는 회남자의 새옹지마 고사다.
이와 비슷한 예는 우리의 주변에서 흔히 일어나는 경우가 많다.
우연히 좋은 일이 일어나더라도 너무 기뻐하지 말고, 나쁜 일이
있더라도 굳이 절망에 빠질 이유는 없다고 생각한다. 최선을 다해
살아 간다면 쥐구멍에도 볕들 날이 있고 산 입에 거미줄 칠 일이 없다는
우리 속담도 있다. 그저 가볍게 한 번 웃을 일이다.

예술활동은 순간을 영원으로 기록하는 것이다.

塞翁之馬 새옹지마

91×73cm, 장지에 아크릴릭, 2012

이 또한
지나가리라

This, too, shall pass away 이 또한 지나가리라.

『탈무드』보다 오래된 유태인들의 지혜서 『미드라쉬』에 나오는 다윗왕의 반지에 새겨진 글귀다.
아무리 힘든 고난도 견디다 보면 어느 순간에 지나간 과거가 된다는 것인데 이와 유사한 이야기는 동서고금의 여러 구절에 등장한다. 비단 여러 전적들과 성현들의 이야기를 예로 들지 않더라도 개개인의 수많은 경험과 회한 속에 이러한 경우는 비일비재하게 일어난다.
나의 경우 이 글귀가 외부의 요인에 의해 일어난 어렵거나 힘든 일에만 적용되는 것이 아니라 나 스스로의 잘못과 오만에서 오는 경우가 태반이었다. 또한 술에 취해 저지런 과오처럼 회한과 후회, 번민의 경우에도 적용되었다. 물론 그 때는 이 순간이 지나기만 하면 다시 같은 과오를 되풀이 하지 않겠다고 다짐하지만 그것이 마음처럼 그리 쉽게 되지는 않았던 것 같다.
다윗왕의 영광도, 어려운 고난도 시간 앞에서는 덧없이 스러지는 이슬과 같다. 항상 지금에 충실하고 과정을 즐겨야 한다.

간혹 화면을 삼분하는 것은 오랫동안 나의 뇌에 축적된 시간과 공간에 대한 오류의 관습이다. 또한 시간과 공간이라는 모호함에 대한 무의식적인 반응이며 물음이다. 굳이 따지자면 구획 지움으로써 나의 눈과 마음이 편하다는 것은 아직 시공간과 사물에 대한 명료한 인식이 부족하다는 반증일 뿐이다.

過 과

73×50cm, 장지에 혼합안료, 2020

4

차 한 잔
하게나

주인공

어느 선사의 이야기다.
그는 밤마다 주인공主人公을 불렀다.
아마도 삶의 주인은 스스로에게 있음을 끊임없이
주지시켰으리라.
이 세계가 실제일 확률은 매우 낮다. 헤아릴 수 없을
만큼의 세계가 서로 공존하고 있다. 스스로의 세계에서는
자기 자신이 주인이고 주인공일 수 밖에 없다.
풍요도 빈곤도 즐거움도 괴로움도 모두 스스로의
인식 체계 안에 있다.

主人公 주인공

53×40cm, 장지에 아크릴릭, 2010

아수불수
我手佛手

我手何似佛手 내 손은 부처의 손과 어떻게 다른가?

『황룡삼관黃龍三關』에 나오는 기막힌 문장이다.
이와 유사한 느낌의 제목을 가진 「내가 만일 예수라면 어떻게 할 것인가?」라는 이름으로 기억하는 소설이 있다. 30년쯤 전에 읽은 것으로 사실 제목이 시사하는 바와 내가 그것을 읽고난 후의 느낌은 다소간 차이가 있었다. 작가와 내가 살아온 환경과 사고가 많은 차이가 있는 것이었지만 제목 자체만으로도 너무나 멋진 것이었다고 생각한다.
부처나 예수는 우리 인류가 낳은 가장 위대한 두 스승이다.
그런데 이 두 분에 나를 투영하여 어떤 경우나, 혹은 평소의 삶에 이들이라면 어떻게 하였을까라는 가정과 추측은 어쩌면 나를 더 깊이 있고 사려깊은 사람으로 변모시킬 것이다.

我手 아수

90×64cm, 장지에 혼합안료, 2009

모르겠다

『벽암록』 1칙에 놓인 달마대사의 말이 '불식不識'이다.
유명한 고승대덕이 인도로부터 왔다는 소식에 양나라의 무제는 달마대사를 초청한다. 그 자리에서 무제는 대사에게 "무엇이 불교의 가장 성스런 진리입니까?"하고 물었다.
달마는 "휑하니 비어있어 성스럽다고 할 것조차 없소."하고 대답했다. 무제가 다시 "그럼 짐 앞에 있는 당신은 누구란 말이오?"하고 다그쳤다. 달마는 곧 "모르겠소."하고 대답했다.
무제는 끝내 알아듣지 못했다.
『벽암록』 1칙에 소개된 확연무성, 즉 휑하니 비워있어 성스럽다고 할 것 조차 없다는 화두인데 나아가 무제의 물음에 스스로 조차도 모르겠다고 한 달마의 '불식不識'이라는 기막힌 한 마디는 지금까지도 나를 옭아매고 있다.

오랫동안 어떤 것에 익숙해지면 점차 그 익숙함에 잠식되어 가는 것은 아닐까? 서예의 경우 명필이라고 불리워지는 대다수가 중국 서예가에 의해 중국 땅에서 태어난 작품이 대다수이고, 또한 그것들을 보고 익힌 한국의 서예는 그 가치 기준과 서예에 대한 안목 조차 과연 그것을 벗어날 수 있을까? 그 기준에 익숙해진 나 역시 여기에서 자유로울 수는 없을 것이다.

不識 불식
180×90cm, 동판에 부식, 2004

면목신
面目新

육조六朝 혜능慧能이 의발을 뺏으려 쫓아온 혜명慧明에게
가르침을 내린다.

明上座, 명상좌,
那箇是 本來面目 무엇이 그대의 본래 면목입니까?

우리는 살아가면서 수 없이 많이 바뀐다.
훌륭하게 좋은 모습으로 변한다면 바랄 따위가 없겠지만
살아남기 위한 방편이 점차 좋지 않은 쪽으로 영향을 미치는
쪽이 크다고 생각한다. 본래의 모습이 무엇인지는 모르겠지만
어떠한 계기로 나의 모습과 정신을 새롭게 일깨우는 것이
필요하리라 생각한다.
"자신을 늘 새롭게 해야한다.", "허물을 벗지 않은
뱀은 결국 죽고 만다."라는 니체의 말처럼 끊임없는
성찰을 통해 스스로를 돌아보는 습관이 일상화된다면
일신우일신日新又日新할 수 있는 계기가 되리라.

本來面目 본래면목

71×40cm, 장지에 혼합기법, 2007

다파임류정
茶罷臨流靜

茶罷臨流靜 찻자리 파하고 물 고요한 곳에 임하니
悠然忘還期 유연히 돌아갈 때를 잊었노라.

어느 시인의 글귀인지 기억이 나지는 않지만
이 고요하고 무심한 정경은 마음 속에 하나의 풍경으로
자리잡은지 오랜 시간이 지났다. 어쩌면 차를 마시고
좋은 풍광 속에 거닌다는 것은 이런 고요한 삼매의 경지를
얻기 위함이 아니겠는가.

삶에 대한 물음과 존재에 대한 의문, 사후세계에 대한 의구심 등은 인류의 탄생과 더불어 지금까지 면면히 이어져 온 대명제이다. 그런데 언제부터인가 이 물음은 대다수 대중들에게서는 마치 사라진 것처럼 느껴진다. 물론 나만의 착각이겠지만 특히 2000년대 이후부터 그 느낌이 더욱 강해진다. 마치 순간 순간을 살아가는 하루살이처럼 삶에 대한 진지한 성찰과 의문도 없이 그저 돈과 권력과 향락을 쫓아 스스로의 만족을 위해 삶을 영위하는 것처럼 보인다. 하기야 따지고 보면 답이 모호한데 어디서 삶의 옳고 그름을 이야기할 수 있겠는가. 자신있게 선택하고 행하는 모든 것이 답일런지 모르겠다.

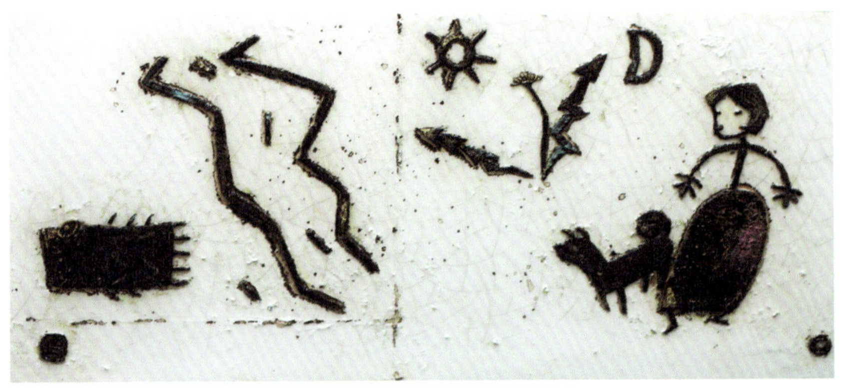

이서, 봄마중
117×50cm, 판재에 새김, 2018

차나
한 잔 하게

조주 화상은 두 사람의 신도에게 묻는다.
"전에도 이곳에 온 적이 있었나." "없습니다." "차나 한 잔 하게."
그리고 또 한 사람의 신도에게 물었다.
"전에도 이곳에 와 본 적이 있는가." "네. 있습니다." "차나 한 잔 하게."
그 때 원주가 말했다.
"노사 처음 온 사람에게 차나 한 잔 하게라고 하시는 것은 좋지만
전에도 왔던 사람에게 왜 차나 한 잔 하게라고 하십니까?"
조주는 "원주."하고 불렀다. "네." "차나 한 잔 하게."

조주화상趙州和尙의 '끽다거喫茶去' 이야기로 말미암아
다선일미茶禪一味니 다선일여茶禪一如, 명선茗禪 등의 이야기가
파생되었지만 나 역시 그 의미를 모르겠다. 어쩌면 조주선사가
절의 어른으로서 찾아온 손님에게 그저 상투적으로 뱉은 말인지도
모르겠다는 생각이 들기도 한다.
우리도 그냥 차나 한 잔 합시다.

호공

73×40cm, 장지에 먹, 아크릴릭, 2014

니불부도수
泥佛不渡水

泥佛不渡水 진흙으로 만든 부처는 물을 건너지 못한다.

이 구절이 벽암록에 나오는 것인지, 황룡삼관에 나오는 것인지 세월이 흐르니 출전이 명료하게 기억나지 않는다. 사실 출전이 무어 그리 중요할까?
너무나 좋아하는 문장이고 여러 번 새겨 작품으로 만든 구절이다.
다음에 연결되는 "목불부도화木佛不渡火 금불부도로金佛不渡爐" 즉 나무로 만든 부처는 불을 이길 수 없고, 쇠로 만든 부처는 용광로를 견딜 수 없다는 뜻 역시 같은 맥락의 멋진 구절이다.
우리의 삶 속에 얼마나 많은 우스운 것과 하찮은 것들이 종교라는 미명 아래에 버젓이 행세하고 있는 게 현실이다. 밝은 눈과 명철한 지혜로 이러한 것을 분별할 수 있는 안목을 가져야 한다.
농담 삼아 하나를 덧붙이면 '석불부도풍石佛不渡風'이라 돌로 만든 부처는 풍상에 스러져 간다.
부처는 스스로의 속에 깃들어 있는 것이지 외물의 형상에 존재하는 것은 아니다.

먹색은 그으름의 바탕이 되는 기름의 성질과 만드는 이의 제조 과정, 벼루에서의 마묵 과정에 따라 차이를 보인다. 또한 그것은 먹의 농도, 작가의 붓을 쓰는 방법, 종이에서의 마찰과 속도, 붓의 각도 등에 따라 천변만화한다. 따라서 이것들은 당연히 오랜 기간의 수련과 깊이 있는 관찰력을 요구하며 붓의 수직 에너지와도 연관된다. 그러나 수평적인 배열에 익숙해진 현대인의 눈에는 이것이 잘 보이지도 않을 뿐더러 미묘한 여러 변화는 오히려 무시당하는 경향이 있다. 결국 문화도, 예술도 환경과 선택의 문제인 것 같다.

木佛 목불

62×22cm, 왕벚나무에 새김, 2008

공
空

고전의 여러 개념 중에서 이만큼 난해한 단어도 드물 것이다.
또한 오랜 시간이 흐른 뒤에도 여전히 탁월한 개념을 보이는 단어이다. 지수화풍地水火風의 사대四大가 제대로 작용하기 위해서는 공空이라는 바탕이 있어야 된다는 개념은 절묘하다. 인간의 인식 작용까지 보태어 육대六大라는 개념으로 완성된 불교의 유식철학은 지금도 여전히 그 존재를 과시하고 있다. 금세기에 들어 힉스라는 물리학자에 의해 밝혀진 우주의 진공상태를 채우고 있는 힉스입자는 불교의 이러한 공사상과 기가 막힐 정도로 잘 맞아 떨어지고 있다.
'진공묘유眞空妙有'라는 말이 있다. 진실된 공, 참된 공에는 묘한 어떤 것이 있다라는 말이 있다. 그것이 힉스입자가 되던, 혹은 어떤 작용이나 묘용妙用이 되던 이 공이라는 단어는 깊이 음미해 볼 가치가 있는 단어이며 더불어 해공제일解空第一이라는 승조의 『조론』 가운데 물부천物不遷의 논지로 공과 함께 인생의 깊이를 더할 것이다.

호공

90×60cm, 포장지에 혼합안료, 2018

부지
不知

노자에 "지부지知不知, 상上"이란 말이 나온다.
모른다는 사실을 아는 것이 상이다.
80년대 말, 이 말의 매력에 빠져 당호를 '부지헌不知軒'이라 짓고 오랫동안 간헐적으로 여러 점의 작품을 해 왔다. 1991년과 1992년 1~2회 개인전에 작품을 발표하고, 사실 '우리 인간이 확실하게 알고 있는 것이 과연 무엇일까?'라며 열심히 떠들기도 하였다.
지금까지 꽤 세월이 흘렀지만 여전히 이 구절은 나의 가슴에 살아 있고 때에 따라 교만에 빠져드는 스스로를 제어하는 장치 역할을 훌륭히 해내고 있다. 더더욱 상형문자의 자형字形이 굉장히 상징적이고 현대적(?)이어서 아직도 드문드문 이 작업과 구절의 매력에서 빠져 나오지 못하고 있다.

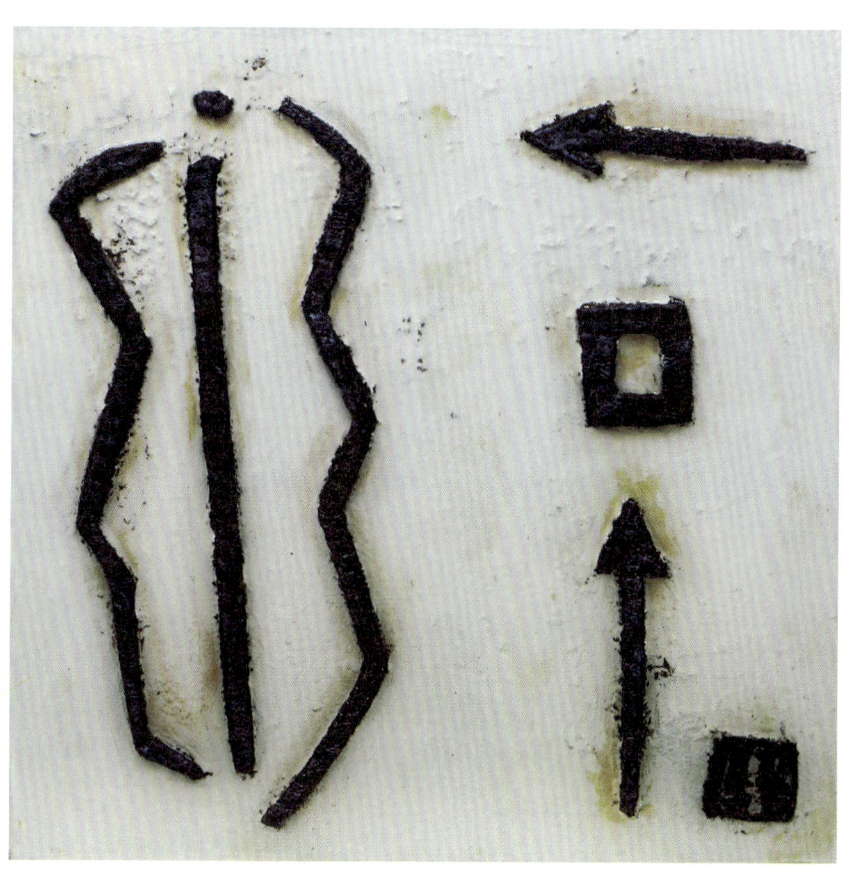

知不知 지부지

48×48cm, 판재에 새김, 2017

무아
無我

무아無我라는 개념은 불교佛敎에서 가장 많이 등장하는 개념이다.
중 2 때 『불교사상대전집』 13권을 독파하였다. 말이 독파지 당시 나로서는 이해하기 어렵고 힘겨운 독서였다. 이 방대한 책을 읽으면서 '나'라는 존재는 무엇일까?라는 의문이 싹트기 시작하였다.
지금에 이르기까지 그 답이 명료하지 않은 아주 모호한 개념이다.
시간이 흘러 대학 무렵 인도의 요기 마하리쉬의 『나는 누구인가?』라는 책을 읽고는 크게 실망하여 웃고 말았다.
요즘 들어 주변의 어른들이 치매로 요양병원에 입원하고 몇 년 우스운 꼴을 자식들에게 보이고는 삶을 마감하는 경우가 비일비재하다.
사실 '나'라는 존재는 어쩌면 정보의 누적에 불과한 것인지도 모르겠다.
부모로부터 물려받은 오래된 DNA를 바탕으로 타고난 환경과 교육 경험 등이 자의식으로 발현되어 '나'라는 존재를 이루는 것이다. 이러한 의식은 미세한 시스템의 붕괴, 즉 뇌혈관이나 신경 치료의 손상 조차도 견디지 못하고 자의식 자체를 잃어버리게 된다. 어찌보면 이러한 자의식의 붕괴는 죽음을 앞둔 시점에는 어쩌면 적절한 시스템인지도 모르겠다.
삶에 대한 욕망, 죽음에 대한 두려움을 이처럼 자연스럽게 극복하고 자연으로 회귀하는 것이다.
어디에서 읽은 것인지 출전이 기억나지 않지만 어떤 예술론에 언어 이전의 상태를 회복하는 것이 필요하다는 구절이 생각난다. 물론 때때로 느낌은 언어보다 강하여 본능적으로 언어 체계보다 빠르게 느끼는 경우도 있다. 그러나 인간의 위대함은 아니 '나'라는 존재 자체를 자각하는 의식은 매우 중요하다. 불교에서 말하는 가짜 나를 버리고 진아眞我를 찾으라는 메세지는 나에게 여전히 모호하며 '어쩌면 진아 자체가 있기나 한 것인지, 있다면 진아는 겨우 본능에 가까운 진화되지 않은 원시상태, 혹은 생명본연 정도나 될런지, 또한 그러한 진아라고 표현되는 존재를 굳이 찾아야 되는지?'라는 의문은 꼬리에 꼬리를 문다. 앞선 문장으로 돌아가서 언어 이전의 상태를 가지고 무엇을 어떻게 느끼고 보라는 것인가? 나의 의식 체계는 언어를 제외하고 과연 지금 이상의 무엇을 성취할 수 있을 것인가? 예술의 본질이 무엇인지는 모르겠지만 과연 그럴 필요나 있는 것인지 언어체계를 제외하면 과연 나란 존재 자체도 성립될 것인지 되묻지 않을 수 없다.

역으로 불교에서 무아無我라고 하지만 이렇게 생각하는 바탕 자체가 태어나서 오랜 시간 형성된 '나'라는 의식이 가짜라고 하더라도 이 의식을 버리고 나면 과연 무엇이 성립될 것인가? 지금에 와서 돌아보면 가짜 의식일지라도 지금의 '나'라는 의식 자체가 더욱 소중하게 느껴진다.

無我 무아

100×74cm, 장지에 아크릴릭, 2009

사지도 생지도
死之徒 生之徒

노자는 "사지도死之徒 생지도生之徒"라고 일러주었다. 죽는 것은 이미 정해진 일이다. 따라서 태어나는 순간부터 우리는 이미 죽음을 향해 가는 무리다. 따라서 삶은 죽음을 향해 가는 과정과 방편에 대한 기록일 뿐이다. 얼마나 멋지고 아름다운 기록이 되는가는 전적으로 스스로에게 달려 있다.

死之徒 사지도(등산목 모각)
2,4×2,4cm, 납석에 새김, 1984

불생불멸
不生不滅

세상에 공짜는 없다는 말을 자주한다. 맞는 말이다.
그 변환 방식이 복잡 미묘하여 단순히 나쁜 일을 하면 벌을 받고 좋은 일을 많이 하면 복을 받는다는 단순 등가방식은 아닌 것 같다. 그러나 변환되어 주고 받는 방법이 어떠하든간에 등가원리는 반드시 적용된다. 그래서 반야심경에는 "불생불멸不生不滅 불구부정不垢不靜 부증불감不增不減"이라 표현하고, 아인슈타인은 $E=mc^2$이라는 간결한 공식으로 이러한 원리를 나타내고 있다.
에너지는 끊임없이 변환된다. 크게 보면 나는 것도, 멸하는 것도 없다. 단지 형태가 변할 뿐이다. 아쉬워하고 매달리는 것은 태어나서 어느 순간부터 형성되기 시작한 나라는 의식이 소멸 아닌 소멸을 두려워 할 뿐이다.

몸을 구성하고 있는 여러 세포들은 세월의 흐름에 따라 노화되어 간다. 나의 작품도 이런 나처럼 노화되어 가는 것이 필연일 것이다. 하지만 작가의 의식만은 매 순간 순간 깨어있음을 자각하고 열심히 매진하는 즐거움을 가져야 할 것이다.

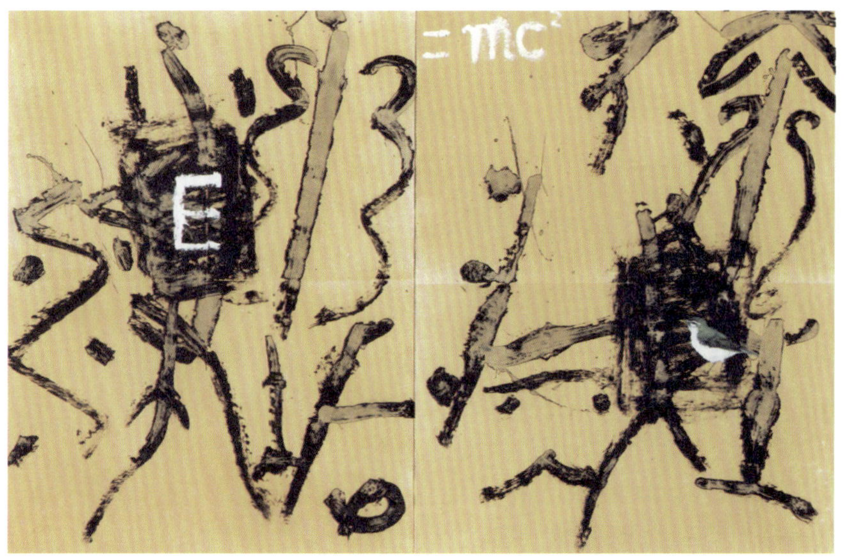

木佛 불멸불생 부분도
210×90cm, 장지에 아크릴릭, 2009

해불양수
海不讓水

"바다는 물을 가리지 않는다."
젊은 시절부터 좌우명으로 삼은 것 중의 하나였다.
나는 이 말을 너무나 좋아해 심지어 손자 이름도 해자海字를 넣어 해린海隣이라고 지었다. 광대한 바다의 품과 얼마만한 것을 담고 있는지 알 수 없는 깊이, 그리고 어떠한 성격의 물이라도 수용하고 정화하는 그 능력을 너무나 닮고 싶어 항상 머리 속에 되뇌이곤 했다.
하지만 인간의 지나친 행위로 인한 오염과 폐수, 쓰레기 방류로 바다는 이제 정화능력을 서서히 잃어가고 있다. 그리고 이러한 계속된 방치는 앞으로 미래사회에 인간의 자멸로 되돌아 올 것이 자명하다. 바다의 품이 아무리 크더라도 계속되는 오염에 그 한계를 드러낼 수 밖에 없으리라. 모든 인간의 자성과 그것을 바로잡을 실천력을 기대할 수 밖에…….

海 해

100×73cm, 장지에 아크릴릭, 2013

무안이비설신의
無眼耳鼻舌身意

느낌은 언어보다 강하다는 말이 있다.
무안이비설신의無眼耳鼻舌身意, 내가 이 말을 접한 것은 서강대학교에서 발간하는 잡지 《알바트로스》를 통해서이다. 특집에 내 작품 7~8점이 삽화로 사용되어 그 잡지를 읽어보게 되었는데 거기에 실린 내용 중 소제목 가운데 하나였다.
시간이 흘러 그 글을 기고한 분의 이름은 생각이 나지 않고, 이 구절만 내내 머리 속에 자리잡고 있다. 맞는 말이다. 어쩌면 느낌은 우리의 감각기관이 받아들이는 여러 정보를 보다 우선하는지도 모르겠다. 여러 생명체들이 진화의 과정에서 획득하고 선택한 감각기관은 각자의 환경과 처지, 선택 등에 의해 결정된 어떤 것이지 그것이 완벽한 것은 아니다.
각자 생명체가 받아들이는 정보는 사실 한 사물을 두고도 모두 다를 수 밖에 없는 것이다. 따라서 반야심경에는 이것을 두고 눈, 귀, 코, 혀, 몸 등 뜻의 정보를 모두 부정하고 있다. 나아가 이것들에 의해 느끼는 맛, 촉감, 냄새, 소리, 색상까지도 본질이 아니라고 이야기하는 것이다.
하지만 안타깝게도 이 본질 아닌 것이 우리의 본질일런 지도 모르겠다.

無邊風月 무변풍월

46×30cm, 장지에 아크릴릭, 2008

삼사일언
三思一言

세상을 살아보니 말로 인한 실수가 가장 많은 것 같다.
물론 사람마다 차이는 있겠지만, 사소한 말 한 마디가 상대에게 상처를 주고, 때에 따라서는 돌이킬 수 없는 결과를 초래하기도 한다. 비록 작은 말 한 마디지만 경우에 따라 천냥 빚도 갚고 상대에게 크나 큰 위로가 되기도 한다. 엎지런 물과 뱉어낸 말은 주워 담을 수 없다.
항상 어떤 말을 하기 전에 침착하게 전후 사정을 살펴보고 상대방의 입장을 배려한다면 말로 인한 실수는 크게 줄어 들 것이다. 사람은 혼자 살기 어렵다.
더불어 살아가는 인생에 보다 배려있는 말 한 마디는 우리 모두의 삶을 더욱 풍요롭고 아름답게 만들 것이다.

石史一言 석사일언

2,1×2,1cm, 납석에 새김, 2020

퇴후일보
退後一步

退後一步 寬一步 한 걸음 물러서면 넓은 일보가 보인다.

세상을 살면서 어떤 일에 매진하거나, 또한 한 부분만은 집중해서 살핀다면 시야가 좁아지고 사고의 폭도 편협해져 다른 것을 둘러보고 살필 여유가 없는 경우가 많다.
절벽이나 아파트의 옥상에서 극단적인 선택의 기로에 섰을 때 한 걸음만 나아가면 죽음이 기다리겠지만, 뒤로 한 걸음 물러서서 주위를 둘러 볼 여유가 생기면 수 많은 다른 길이 보일 것이다.
인생을 살아가면서 수 없이 많은 막다른 길에 부딪혔을 때 보다 유연한 사고와 시선을 가진다면 또 다른 새로운 길이 열릴 것이다.
어떤 상황이든 습관적으로 처해 있는 환경에서 보다 여유로운 행보와 열린 시각을 가질 필요가 있다.

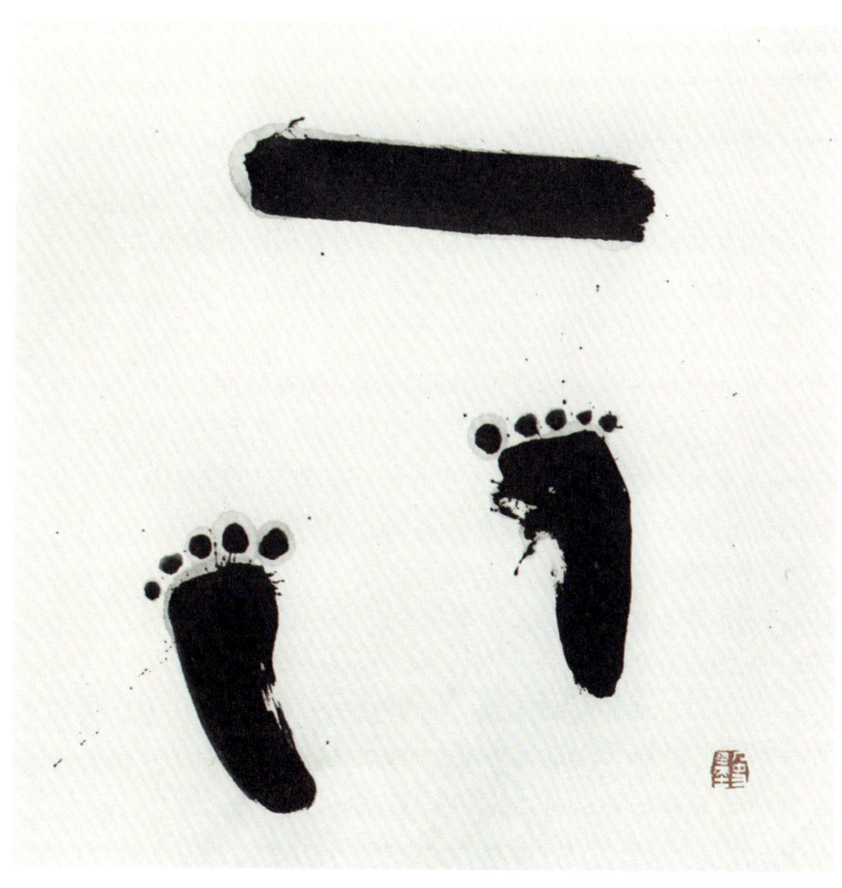

一步 일보

45×45cm, 장지에 먹, 2020

동심
同心

二人同心 其利斷金 두 사람이 한마음이면 그 날카로움이 쇠를 끊고
同心之言 其臭如蘭 한마음의 대화는 그 향기가 난초와 같다.

『주역周易』에 나오는 말로 금란지교金蘭之交의 어원이 된 구절이다. 물론 쇠를 끊는다거나 그 향기가 난초와 같다는 것은 상징적인 은유임에 틀림없다. 세상살이에서 한마음을 가진 벗이나 배우자가 있다는 것은 어떤 의미에서 단순히 쇠를 끊는 능력 이상의 무엇이 있다고 생각한다.
사람은 사회적 동물로서 절해고도에 홀로 살아갈 수 없는 존재이다. 삶의 기쁨과 풍요로움, 나아가 어떤 보람된 성취같은 것은 사람간의 더불어 살아가는 데서 발생하는 것이다. 힘든 일을 함께 헤쳐 나가면 힘도 훨씬 덜 들 것이다. 서로에게 위로가 되며 기쁨도 함께 나눌 수 있으며 스스로의 어떤 사고나 그 결과에 대해 알아주는 지기가 있다면 그 일에 대한 확신과 더 큰 보람을 함께 할 수 있을 것이다. 언제부터인가 나는 새로 살림을 차리는 신혼 부부에게 이 구절을 주제로 한 작품을 선물하곤 한다. 사회생활에서 동성간의 우정도 중요하지만 이성간 평생 해로함은 기존의 부부간 덕목보다 오히려 이 구절이 두 사람의 우정과 사랑에 더욱 보탬이 되리라 생각한다.

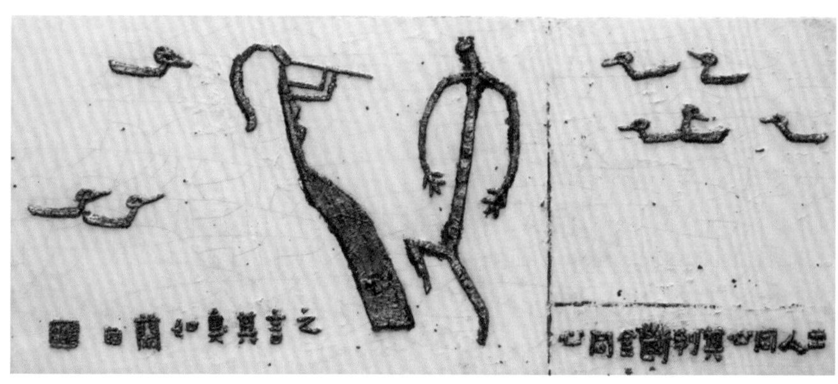

이서, 가을밤

117×50cm, 판재에 새김, 2018

믿음, 희망, 사랑

『성경』 고린도전서 13장 12절에서 13절까지 나오는
"신망애信望愛", 즉 믿음, 희망, 사랑이라는 유명한 구절이다.
이 장은 사람이 한 평생을 살아가는데 필요한 필수불가결의 덕목
세 가지를 압축해 놓은 것이라고 생각한다.
진리에 대한 믿음, 미래에 대한 희망, 사람과 사람 뿐만 아니라
모든 생명과 무생물에 이르기까지 미치는 폭넓은 사랑이야말로
우리의 모든 것이라 아니할 수 없다. 이 세 가지 외에 더 붙일
구절이 생각나지 않는다.

我愛明姬 아애명희

46×38cm, 화선지에 먹, 아크릴릭, 2003

Data made flesh

데이타가 몸을 만든다. 즉 우리가 굳게 믿고 있는
이 모든 것은 정보의 결합에 불과한 지도 모르겠다.
해묵 스님, 환속해서 오윤희라는 속명으로 돌아와
『메트릭스와 空사상』이라는 책을 냈다. 이 책 가운데 있는
'Data made flesh'라는 용어를 오랜 시간 작품에 많이 사용했다.
그만큼 나에게 깊이 공감을 가져다 준 말이기도 하다.
데이타의 결과에 불과한 내가 변하지 않는
굳건한 나라는 확신이 없다.
나는 과연 누구인가?

無心 무심

자연석에 새김, 2014

나는 누구인가?

'나는 누구인가?'하는 물음은 중학교 2학년 때부터 시작되었다. 사실 그 때만 하더라도 이 물음이 이렇게까지 지독하게 이 나이까지 따라 붙어 있으리라고는 생각지도 못했다. 그저 당시에는 이것 저것 닥치는 대로 독서하고 생각하고 고민하던 것이 다였다. 세월이 흘러 성인이 되어 평생의 업을 예술이라는 끝없는 여정으로 결정하고, 또 누군가를 가슴 아프게 사랑하며 가정도 꾸렸다.
그러나 시간이 흘러가는 동안에도 과연 진짜 나란 것이 있는 것인가? 전생과 내생은 존재하는가? 나의 본래 면목은 무엇인가? 하는 수 많은 물음들이 끝이 나지 않고 더구나 선과 악, 법과 도덕이라는 여러 개념조차 여전히 모호하다. 물론 '나는 누구인가?'하는 물음 이후 중간중간 마치 깨달음을 얻은 것과 같은 환희도 있었고, 시간의 흐름에 따라 그것이 단지 착각이었음을 느끼는 일이 수없이 반복되어 왔다.
그러는 동안 작품 활동은 나의 이러한 물음에 대한 답을 구하는 훌륭한 계기와 방편이 되어 지금까지도 나를 몰아붙이고 있다. 사실 나의 작업은 대부분 존재의 물음에 대한 선현들의 관점을 들여다 보는데서 출발한다. 이렇게 반복되던 물음이 세월이 흘러 지금에 이르러니 물경 50년 만에 작은 결론 하나를 낸다.
그것은 바로 나는, 나에 대한 기록이 아닐까이다.
나는, 부모로부터 물려받은 DNA의 조합으로 형성된 몸을 바탕으로 나를 둘러싼 가족과 수많은 사람들과의 관계지움이며 시간의 흐름에 따른 다양한 경험과 학습을 통한 정체성의 확립 위에 평생동안 겪은 여러 사물들과 사건 사이에 일어난 누적되고 정리된 기록의 결과이다.

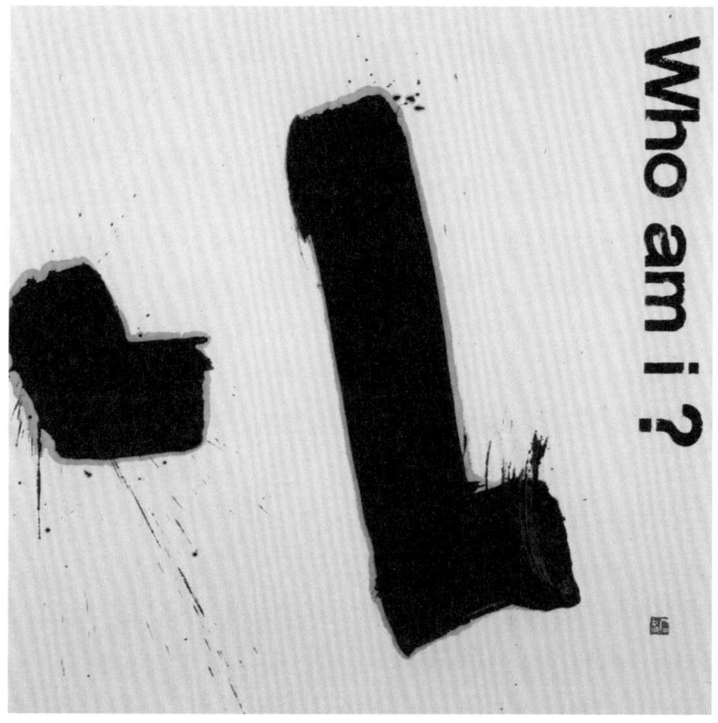

나
70×70cm, 장지에 혼합안료, 2019

나의 호와 당호

추사 선생의 호는 손가락으로 셀 수 없을 만큼 많아서 후학들이 서화를 감식하는데 골머리깨나 앓는다. 나야 추사 선생과는 다르지만 그래도 다소 변덕스럽게 자호와 작업실과 거처하는 집의 당호를 지어 두루 사용하고 있다. 이것은 그 시절마다 내 마음이 따라가는 대로 사용하고 있다고 보면 되겠다.

아호

옥연玉淵 : 1977년에 영남대학교 서예반인 한묵연(翰墨緣)
지도교수이셨던 수촌 서경보 선생님이 나에게 지어 주신 호가 옥연이다.
그것은 고향이 달성군 옥포면 기세리에 있는 못인 '옥연지玉淵池'에서
따 호를 지어주시면서 "율곡 선생이나 퇴계 선생도 지역의 자연에서
차용해 왔다."는 말씀도 곁들이셨다.
여남如南 : 1983년 남석 이성조 선생님이 지으신 호로 1년 남짓 사용하였다.
일사一思 : 1984년 남석 선생님이 다시 一思, 一史 두 개를 작호해주시면서
"지금은 일사一思를 쓰고, 나중에 일사一史를 쓰라."고 하셨지만 서예계에
이미 一史 구자무 선생이 계셔서 一思만 사용하였다.
일사一斯 : 2000년 무렵 서예평론가 나석羅石 손병철 선생의 제의로
'하나인 이것'이란 뜻으로 잠시 사용하였다.
일사逸史 : 2000년 무렵 고인이신 석도륜昔度輪 선생께서 "나 같으면
일자逸字를 사용하겠다."고 하셔서 지금까지 사용하고 있다.
석사石史 : 보통 석일사石逸史로 많이 썼지만 2020년 중반부터 성과 호를
합친 석사石史를 즐겨 사용하고 있다.

당호

소심헌素心軒 : 1983년 여름, 중국난 관음소심의 꽃에 반하여 한 화분을 구입하고 작업실 이름을 소심헌이라 하였다. 그 때부터 취미 생활로 난을 길렀다.

부지헌不知軒 : 노자의 '知不知, 上'이라는 구절에서 따른 것으로 1992년 교직을 그만 두고 새로 작업실을 마련하면서 사용하였다.

무별처無別處 : 2012년 가을 무렵, 문득 모든 것이 허망하고 부질없다는 자괴감에 빠졌을 때 무별처로 바꾸었다.

만타실萬陀室 : 2018년 봄, 작업실을 향교 부근으로 옮겼다. 근처 만인사 박진형 선생의 시집 『고마 됐다』를 보고 일사만타一思萬陀, 즉 한 생각이 만 가지로 부숴진다는 의미로 1년간 사용하였다.

일사단간一思單間 : 2019년 중반부터 지금 작업실의 이름으로 사용하고 있다.

성연지星淵地 : 2002년 청도에 새로 거처를 마련하고 이사하였다. 집에 붙어있는 상당못이 있는 데 그해 여름, 못에 비친 별을 보고 '별못이 있는 땅'이라고 당호를 붙였다.

내거당來去堂 : 이사하고 처음에는 사람들이 하도 많이 방문해 오고 가는 집이라 내거당來去堂이라 명명하였다.

몽가夢家 : 이사하고 몇 년 뒤인 2005년쯤 아내와 내가 꿈꾸는 집이라 몽가라고 지었다. 아름드리 느티나무에 몽가夢家라고 새겨놓고 집 입구에 세워두었더니 날벌레 집이 되었다. 세월이 한 이십년 가까이 되니까 나무는 결국 삭아내렸다. 꿈은 한쪽에서 삭아내려도, 새로운 꿈이 다시 생겨나니 몽가는 여전히 몽가이다.

5

서론
書論

위대한 전통

이제는 좀 오래된 일이지만 1995년 우리나라에서 처음으로 광주비엔날레가 열렸을 때 〈경계를 넘어〉라는 주제로 젊은 세대의 생동하는 예술을 집중 조명하기 시작하여 포스트모더니즘의 무기력함을 극복하려는 시도가 공식적인 행사로 태동이 되었다. 미술을 전공한 당사자들이야 말할 것도 없지만 당시 비엔날레에 대한 관심은 국민문화수준의 향상과 우리 문화의 국제화라는 매스컴의 적극적인 홍보로 연일 달아올랐고 우리나라에서도 세계적 수준의 비엔날레가 열린다는 설렘과 흥분으로 말미암아 심지어 주말 관광 코스로까지 이어졌으며 세인들은 비엔날레를 화제로 삼아 자신의 교양 정도를 과시하는 계기로 삼았다.

누군가가 '현대에 있어서 미술은 전위前衛 밖에 없다.'라고 한 말이 기억나는데 그것을 증명하듯 이후 현재까지 많은 작가들이 다양한 실험과 하이테크가 결합된 새로운 예술세계, 기존의 미의 개념을 송두리째 흔들어 버릴 듯한, 어찌 보면 기괴하기 짝이 없는 새로운 시도들이 관객들의 열렬한 관심과 혐오, 또는 이해되지 못한 채 미술계의 커다란 흐름으로 자리하고 있다. 작품을 감상하다보면 한두 번쯤은 작가의 의도와는 상관없이 고물상을 연상케 하는 거대한 고철 덩어리와 무덤 같은 기괴한 분위기의 설치작, 마치 자신의 아이들이라도 해낼 것만 같은 낙서 같은 그림 앞에서 흐름을 읽지 못하는 자신의 무지를 탓하거나 아니면 황당함과 현대미술에 대한 커다란 불신만을 안은 채 돌아섰던 기억이 있을 것이다.

우리는 어렸을 때 과학시간을 통하여 모든 물질을 쪼개어 나가면 분자가 되고 분자를 더욱 나누면 원자가 되며 원자는 핵과 전자로 이루어졌다고 배웠다. 그리고 핵은 나누어질 수 없으며 역으로 조립해 나가면 다시 물질이 되는 요소 환원주의식 서양논리를 배우며 자랐다. 그러나 그 후 얼마 지나지 않아 과학의 급속한 발전으로 원자도 쿼크라는 더욱 작은 단위로 쪼개어질 수 있으며 양자역학, 홀로그램이론, 아원자물리학 등으로 물질이라는 엄연한 개념은 혼란스러워지고 부분이 전체를 반영한다는 동양의 사고를 과학적으로 증명하기에 이르렀다. 이러한 과학의 발달은 비단 과학계뿐만 아니라 예술 전반에 걸쳐서도 예외 없이 적용되어 미술의 경우도 서양화, 동양화, 조소, 디자인, 공예 등으로 세분되어 있는, 전공이라는 경계가 점점 모호해지면서 평면, 입체작업 등 여러 가지 요소가 혼합된 작업으로 빠르게 변하고 있으며 예술 전반에 탈장르의 현상이 일어나고 있는 현실이다.

그래도 커다란 맥락에서 볼 때 현대미술은 좌충우돌하며 수많은 작가군들에 의해 하나의 거대한 흐름이 만들어지고 있다고 보인다.

그러면 현대미술의 흐름 속에서 서예는 어떠한가.

필자는 대학에서 그림을 전공하고 서예가로 전향한 경우라고 할 수 있다. 지금의 작업은 그 경계마저 모호하게 되어 서예가나 화가라는 호칭보다 그저 작가라는 말이 더욱 적합하겠지만 작업을 하던 초기에 그림을 전공한 선후배들로부터 '서예도 예술이냐?', '서예는 예술이 될 수 없다.'라는 식의 질문이나 부정적 시각의 이야기를 많이 들었었다. 그들의 생각은 서예가 스승의 체본体本이나 법첩法帖 만을 베끼기 때문에(임서臨書) 예술이 될 수 없다는 논리였다. 물론 이 말은 서예계 전반에 만연해있는 병폐에 대한 지적이 될 수는 있겠으나 서예의 본질적인 문제가 될 수 없다는 것은 당연한 일. 필자는 그러한 질문을 받을 때 마다 도리어 이렇게 되묻곤 했다.'그러면 연주가나 성악가는 예술가가 아닌가?', '음악에 있어 오로지 작곡만이 예술인가?'우리는 한 곡을 두고도 누가 지휘하며 연주하느냐에 따라 그 곡의 맛이 달라지며 동일한 곡도 사람에 따른 곡해석의 차이로 얼마나 다른 작품으로 바뀌어 가는지 너무나 잘 알고 있지 않은가. 그대로 연주하는 음악은 예술이 되면서 임서를 하는 서예는 예술이 아니라고 하는 논리는 근본적으로 성립이 되지 않는다. 다만 그렇게 인식되는 것은 미술과는 달리 수많은 서예인들이 거의 아마추어 수준의 역량을 갖고 자신의 실력에 대한 객관적인 평가도 받지 못한 채 우물에 뜬 좁은 하늘만을 보고 있기 때문이며 우물을 뛰쳐나와 새로운 넓은 세계가 있음을 모르고 옛 법을 지키는 것이 자신의 할 바의 전부라고 생각하는 안이한 아마추어의 이미지 때문이다. 또한 베낀다는 관점에서 본다면 이 세상에 베끼지 않은 것이 어디 있겠는가? 자연을 모방하는 것에서 예술은 시작된 것이 아닌가? 우리가 흔히 창조라고 하는 것도 발견이나 새로운 이해에 지나지 않는다고 필자는 생각한다. 새로워 보이는 작품도 자연에 대한 모방(이해를 동반한)이나 자신의 심상을 베낀 데 다름 아니지 않는가?

전술前述 하였듯이 현대미술의 거대한 흐름은 종합주의라고 할 수 있다. 그런데 서예는 일찌감치 종합적인 예술일 수밖에 없었던 장르였다.

흔히 서예를 배우는 분들께 왜 서예를 하는가 물어보면 그냥 좋다는 이야기가 대부분이다. 먹을 갈다보면 먹향이 좋고 글씨를 쓰면 마음이 가라앉아 시간이 어떻게 지나갔는지 모르겠다고 이야기 하는 분들이 많다. 서예는 예로부터 수양의 방편이 되었고 그 이미지가 지금까지 일반인들의 인식에 많이 잔존해 있는 서예의 이미지이기도 하며 현대에 와서도 쇠하지 않는 힘을 지니고 있는 서예의 특성이기도 하다. 필자의 경우도 성격이 몹시 급하고 화를 잘 내는 기질이 있는데 어떤 일로 화가 가슴 가득 치밀어 오를 때 마다 붓을 들고 글씨를 쓰기 시작하면 그 행위자체에 집중하게 되고 점점 마음이 평안해지면서 그 일 자체를 잊고 푹 빠져 있는 자신을 자주 발견하곤 하였다. 이는 행위예술과도 유사하며 그 행위자체에서 작가의 목적을 도출해 낼 수 있는, 서구미술에 의해 분석되기 이전부터 자연스럽게 행해지던 서예술의 커다란 특성이라 할 수 있다. 또한 서예를 쓰는 행위는 이러한 정신적인 측면 말고 신체적으로도 작용한다. 언젠가 심장이 좋지 않은 분이 서예를 배우러 왔는데 병원에서 무리한 운동은 심장에 좋지 않기 때문에 서예를 권유하더라는 것이다. 실제 서예는 전신운동이기 때문에 장수에도 좋다는 연구결과를 들은 적이 있다. 서서 쓸 경우에 발을 11자 모양으로 어깨너비만큼 벌리고 허리를 지나치게 구부리지 않고 힘을 균등하게 하는 자세는 태권도나 태극권의 자세와도 일치한다. 글씨를 쓸 때의 호흡작용도 일반적인 기공이나 무술의 호흡과 일치하여 기의 흐름을 좋게 하고 손가락의 사용은 기경 팔맥과 연결되어 내장 기능을 튼튼하게 한다는 것이다. 또 힘을 사용하는 방식도 태극권의 허령정경虛靈頂勁, 함흉발배含胸拔背, 동중구정動中求靜, 전신송개全身鬆開 등과 비슷하다. 서론書論에 검무劍舞나 짐을 진 사람이 산비탈을 걸어 내려오는 것을 보면서 서법書法을 익혔다는 이야기는 서예가 무술이나 수련, 의학과 무관하지 않음을 시사한다.

또한 서예가 갖는 또 하나의 특성은 문자를 사용한다는 점이다. 미술은 다양한 장르를 가지고 있음에도 불구하고 문자나 글을 몰라도 작품을 제작하는데 문제가 없지만 유독 서예만큼은 문자를 소재로 하기 때문에 시작부터 창작과 감상의 패턴이 달랐다고 볼 수 있다.

문자를 소재로 한 서예는 처음부터 문학과는 불이동체不二同体였던 특성을 지닌다. 문학은 서예라는 몸을 빌어 시각적 표현이 풍부하여졌으며 서예는 문학을 내용으로 삼아 심신心身을 가진 하나의 유기체有機體로써 생명력을 이어왔던 것이다.

이렇듯 서예의 출발은 고대로부터 문자를 모르는 대중은 배제되고 지배계급인 사대부士大夫나 권력자權力者, 지식인知識人들에 의한 예술이라는 점 때문에 그들은 서예라는 것을 자신의 철학적, 사상적 내용들의 구체적인 구현방식으로 발전시키게 되었다. 사회가 변함에 따라 당시에 대두되었던 다양한 철학과 사상들은 모든 예술에 적용이 되듯 그 내용들은 수많은 서론書論으로 융화되어 마치 동양 사상을 집대성하여 놓은 것처럼 이론화되고 체계화되었다. 사실 이러한 점이 오히려 지금 서예를 접하는 사람들에게는 부담이 되고 옛 환영에서 벗어나지 못하고 법法에 매이게 되는 원인을 제공하기도 한다. 예술을 하는 것인지 학문을 하는 것인지조차 알 수 없는 모호한 패턴은 서예를 철학이나 문학에 종속되는 어떠한 보조적 양식으로 알고 있는 수많은 서예가나 감상자를 양산하게 된다.

서예는 그 자체로써 미술의 시각적 기능을 가지고 있어 서화동원書畵同源, 시서화 삼절詩書畵三絶이라는 말처럼 문학과 서예, 그림은 예로부터 분리하여 생각되던 개념이 아니고 식자識者가 갖추어야 할 종합적인 소양이었다. 서예는 평면이라는 화면 위에 일반 미술과 같은 시각예술로서의 특성을 유감없이 발휘하는데 서예의 조형성은 결구結構, 장법章法 등으로 이미 형태가 추상화되어 이루어진 선들의 완벽한 균형미로 현대미술이 이룩한 제반 성과를 유감없이 보여주고 있으며 오히려 현대 서양의 여러 작가들에게 영향을 주어 추상표현주의의 밑거름이 되었던 것이다.

또한 서예는 음악이나 무용과 같이 시간성을 지닌다. 현대는 레코딩 기술이 너무나 발달하였지만 녹음과는 상관없이 음악은 시간성의 예술이다. 이러한 시간성은 우리의 인생 여정처럼 되돌아갈 수는 없는 것이다.

서예도 그러하다. 오랜 연습기간을 거쳐 발표하는 무용이나, 수많은 훈련을 한 후 한순간에 완성되는 멋진 연주는, 서예가 임서와 반복되는 붓의 훈련을 한 후 한순간에 이루어지는 것과 유사하다. 중국의 서예가 장이가 "서예의 아름다움은 본질적으로 조형적인 운동의 미美이지, 고안되고 운동감이 없는 형태의 미는 아니다. 완성된 서예작품은 통상적인 형태를 균형 있게 배열한 것이 아니라 아주 능숙하게 구성된 무용의 각 동작을 맞춘 것 같은 것, 즉 충동, 반동력, 순간적인 포즈, 활동적인 힘의 상호작용을 결합하여 하나의 균형 잡힌 전체를 형성하는 것과 같은 것이다."라고 한 것은 서예의 이러한 특성을 적절하게 묘사한 말이라고 생각한다.

이렇듯 미술이 현대에 와서 종합적으로 변화하는 것보다 어떻게 보면 서예는 너무나 일찍이 여러 요소들이 혼재하는 예술성으로 그 모호한 개성으로 인해 현대에 와서는 오히려 현대성을 잃고 본질적인 매력을 상실한 채 대중에게서 인정을 받지 못하는 현실을 맞이하게 되었다.

물리학자 데이비드 라우어는 "금세기 인류는 거의 신神의 영역에 문을 두드릴 단계에까지 왔다"고 이야기하고 있다. 이제는 전 영역에 걸쳐 인접학문을 모르고서는 학문을 할 수가 없고 나아가 전 인류적인 정보의 통합이 필요한 시대라고 생각한다. 불과 몇십 년 전까지 통용되던 여러 장르와 부문의 벽이 허물어지고 있는 이때, 어떻게 보면 가장 현대적이었던 서예는 새로운 개념으로 다시 태어나야하는지도 모른다.

문자를 포기하지 않는 고집스러움과 자유스러운 감정의 분출보다 그 감정을 갈무리하여 승화시켜 가야 하는 서예, 그 오래된 약속을 우리는 다시금 새겨보며 이 예술이 몇천 년을 살아온 힘과 위력을 느껴보아야 하지 않을까.

붓 끝에 실은 정신

필의筆意, 정신의 발로發露

필의란 무엇인가? 그 의미를 민상덕閔祥德은 그의 저서 『서예백문백답書藝百問百答』에 "이것은 작가의 강렬한 사상과 정신세계, 혹은 풍부한 상상력 등을 운필의 기교를 통하여 각종 움직임, 정신, 풍취, 기세 등과 웅건함, 연미함, 맑음, 고박함, 강함 등을 지면 위에 생동감 있게 표현하고 함축시키는 것을 말한다. 서예의 묘미는 사상과 감정을 비교적 함축적이고 추상적이며 잠재적으로 표현하며, 무용, 음악, 시가 등과 같이 사람들로 하여금 음미하고 연상하게 하는 무한한 생명력을 지닌 예술이라는 데에 있다."라고 정의 내리고 있다.

서예가 오랜 세월 동안 소멸되지 않고 많은 사람의 사랑을 받으면서, 길고 긴 시대時代 속에서 수많은 대가들이 출현하고 다양한 표현들이 이어졌던 것은 서예가 예술로서의 특성을 풍부하게 가지고 있음을 증명하는 것이라 할 수 있다. 서예가 단순히 글씨를 쓰는 기능만을 가지고 있는 것이라면 이렇게까지 유구한 세월 속에서 화려한 꽃을 피우지는 못했을 것이다. 예술은 그 시대 환경의 소산이다. 각 시대마다의 예술이 새롭고 다른 것은 사람들의 정서와 정감과 사상적 배경의 차이와 환경의 다름에서 기인하는 것이다.

풍무馮武는 『서법정전書法正傳』에서 "진晋은 운韻을 숭상하고, 당唐은 법法을 숭상하였으며 송宋은 의意를 숭상하였다."고 말한다. 이 때 진晋을 대표하는 것은 당연히 왕희지王羲之였을 것이고, 운韻은 왕희지의 서법을 중심으로 하는 그 시대 서예가들이 이상으로 삼았던 정신적 내용의 규범이었을 것이다. 하지만 여기에서 사용된 운韻의 의미는 경우에 따라서는 대단히 모호하다. 일본의 오무라 세이가이大村西崖는 그의 저서 『문인화의 부흥』에서 "소위 운이란 곧 성운의 운이다. 기운이란 기의 운인데 작자가 감상한 바의 韻이 그 여향餘響을 작품에 전하여, 마치 그것을 들을 수 있는 것처럼 한 것이다."고 하였다. 킴바라 세이고金原省吾 역시 "사혁의 운은 모두가 음향의 의미인데 이것은 화면에서 느껴지는 음향이다. 곧 화면의 감각은 눈으로 느껴질 수 있는 것이 아니며 마치 자기의 가슴 속에서 우러나오는 것처럼 느껴진다. 이는 내감內感을 통하여 느끼는 음향과 같다."라고 하였다. 그러나 중국의 서복관徐復觀은 그의 저서 『중국예술정신中國藝術精神』에서 운韻을 "당시 인륜 감식 상에 사용된 중요한 관념임을 알 수 있다. 그것이 가리키는 것은 한 개인의 정조, 개성, 청원, 통달, 방광의 미이다. 그러나 이런 아름다움은 사람의 형상 사이에 유입되어 있으며, 형상으로부터 찾아낼 수 있는 것이다."라고 표현했다. 덧붙여 일반적 형모形貌를 사람의 제1자연이라고 하고, 형신합일形神合一의 풍자신모風姿神貌를 사람의 제2자연으로 표현하면서 현학의 도움에 힘입어 사람의 제1자연 속에서 이러한 제2자연을 발견한 것을 운이라고 하면서 형신합일의 두 가지 형상의 미를 설명한 것으로 풀이하고 있다. 어느 쪽이 되었든 분명한 것은 작품 속에 표현된 작가적 정신의 미묘한 울림이라는 의미에는 틀림없는 것 같다.

이렇게 왕희지를 중심으로 한 진晉의 서예를 운을 숭상한 시대라고 한다면 그 당시 왕희지의 사상적 배경과도 무관하지 않다고 볼 수 있다. 왕희지에 대해 전해오는 여러 가지 이야기들을 종합해보면 그는 당시 도교사상에 심취해 있었으며 그가 썼다고 하는 『도덕경道德經』, 『동방삭화찬東方朔畫贊』, 『황정경黃庭經』 등이 모두 도교와 관련된 내용의 것이다. 만고의 명작인 「난정서」의 내용도 그의 이러한 사상과 무관하지 않다. 이렇게 왕희지를 중심으로 하는 진의 서예가 신선과 같은 표일飄逸한 운의 세계를 표현했다면 수隨의 뒤를 이어 통일왕조를 구축한 당대唐代에 오면 중국의 서예사상 황금시대를 구가했다고 해도 과언이 아닐 만큼 기라성 같은 작가들이 나타나게 된다. 중국 역사상 드물게 영주英主라 칭하는 태종太宗에 의해 건설된 강대한 제국의 시대적 정신을 바탕으로 수많은 대가들이 등장했던 것이다.

이러한 시대적 정신은 당시의 문물제도와 함께 초당 3대가인 구양순, 우세남, 저수량에 의해 조형적으로 완벽한 해서를 탄생시키게 된다. 물론 이들은 왕희지를 전형으로 삼았지만 그중에 북위의 필법에 왕희지의 서풍을 융합하여 만든 구양순의 글씨는 건축학적 미감으로 완벽한 조형을 이루었고, 당인唐人의 서예가 법, 즉 서예의 통일성 있는 규칙들을 완성하게 되었던 것이다. 지금까지 통용되는 해서의 결구원칙들은 모두 이때 이루어진 것이다.

당의 시대가 끝나고 송대宋代에 들어서면 소蘇, 황黃, 미米라고 하는 삼대가三代家가 출현한다. 그래서 서예는 또다시 새로운 표현의 시대를 맞이한다. 이들은 모두 한결같이 지금까지의 서법에 만족하지 않고 여러 옛 대가들의 서법을 연구하여 새로운 방법의 표현을 모색하였다. 물론 결과론적으로 소동파蘇東坡와 황산곡黃山谷은 안진경에 가깝고, 미불米芾은 왕희지의 형에 가까웠지만 그렇다고 이들 모두는 옛 법에 얽매이지는 않았다. 특히 동파와 산곡은 불교의 선학禪學에 깊이 심취하여 작품 곳곳에 그러한 사상들이 배어 나온다. 그래서 이들 삼인三人은 고금에 드물게 개성있는 성격들을 작품에 표현하고 있는 것이다.

이상으로 필의筆意의 뜻과 그것이 작가들의 작품에 어떻게 설명되고 있는지 몇 가지 거론하였다. 그러나 이러한 작가의 사상이나 감정이 글씨에 표현되기 위해서는 기법을 무시할 수 없다. 운필運筆이나 장법章法의 연구 등 여러 가지에 심혈을 기울여야 한다. 그중에 하나가 필세筆勢라는 것인데 이것은 필법의 기초로 각기 다른 점획의 위치나 운필의 방향을 가리킨다. 閔祥德은 필세에 대해 "눕고, 쳐다보고, 기대고, 쏠리고, 바르고, 크고, 작고, 길고, 짧고, 멀고, 가까운 것 등은 물론이고 예술적인 면에서

높고 낮음에 따라 운치가 있어야 하고, 멀고 가까운 것이 서로 호응을 이루고, 성김과 빽빽함이 서로 어우러지고, 모나고 둥근 것이 정비되어 변화를 이루어 형태가 끊겼으나 연속된 듯한 느낌이 나야하며 형세는 기울어져 있으나 오히려 바로 된 듯한 느낌이 나야한다."라고 하고 있다. 참고할 만한 것이라 생각한다.

그러나 필세나 필의라는 단어가 절대적으로 중요한 것은 아니다. 필의가 작품에 나타난 작가의 철학이나 시대정신을 나타낸 말이라고 했는데 서예 역사상 불멸의 명작들은 다소간의 영향은 있겠지만 동일한 필의는 없다. 예술이란 모방에서 시작되지만 모방으로 끝나는 것은 아니다. 많은 서예가들이 종종 기계적으로 비첩의 맛을 베끼는데 이것은 예술이라고 할 수 없다. 우리가 법첩을 임서하고 고인의 필의를 배우는 것은 그것을 바탕으로 새로운 작품세계를 열기 위함이지 베끼기 경쟁을 위한 것은 아니다.

지금 이 시대는 정보의 시대다. 과학의 발달로 우리는 우주의 구조를 보다 깊숙이 들여다볼 수 있게 되었으며 유전공학의 성과로 마음만 먹으면 생명체를 똑같이 복제할 수 있는 시대가 되었다. 모든 예술이 시대적 반영이라면 이 시대 우리가 표현할 서예는 어떤 것일까? 빠르게 변화하고 현란한 이 시대에 걸맞는 필의를 가진 좀 더 참신한 서예가 필요하다는 생각이 강하게 든다.

필단의연 筆斷意連, 의재필선 意在筆先

오래전의 일이다. 서실에서 작품을 하고 있는데 몇 사람이 볼링을 치러 가자고 하였다. 그 당시 볼링이라고 이름만 들어보았지 해 본 적이 없던 나로서는 난감하여 극구 사양하였는데 이번 기회에 경험을 해야 한다며 기어코 끌려가다시피 볼링장에 들어서게 되었다. 공을 들어보니 볼링공은 생각보다 무거웠으며 던지자마자 곧 옆으로 떨어져 버리고 말았다. 주변 사람들의 웃음과 격려 속에 다시 한 번 던졌는데 다행히 핀을 모두 넘길 수 있었다. 횟수를 거듭할수록 나는 점점 나아져 운 좋게도 1등을 하였는데 어이없어하는 주변 사람들의 고집으로 게임을 세 차례나 더했지만 모두 1등을 하였다. 사람들은 내가 처음 해 본 것이 아니라며 모두 속았다고 항의하는 바람에 나는 궤변 아닌 궤변을 늘어놓아야 했다.

먼저 공을 역입逆入하고 다음에는 공의 무게를 인식하여 필압筆壓을 주듯이 중심을 잡아 중봉中鋒의 개념으로 공을 밀어 보내며 공을 떠나보낸 후에도 공이 핀에 닿을 때까지 손끝과 나의 정신을 끝까지 집중하였노라고. 모두 서예를 한 사람들이어서 다행히 나의 궤변은 찬사를 받았는데 이렇게 위의 예처럼 서예에서 사용되는 필단의연 筆斷意連의 논리가 비단 서예에만 국한되는 것은 아니라는 생각이 든다.

글씨는 단순히 한 획으로 이루어진 것이 아니다. 다양한 여러 획들의 조합으로 한 글자가 완성되는데 이 때 한 획만 완전히 마무리 짓고 획과 획 간의 연결을 생각하지 않는다면 그 글자가 생명력이 없어 보일 것임은 틀림이 없다. 서예의 필법 중에 비도飛度라는 것이 있는데 획과 획이 떨어져 있어도 두 획이 마치 연결되어 있는 것 같이 느낄 수 있어야 한다는 의미의 필법이다.

따라서 필단의연이란 글씨를 쓸 때 비록 점과 획이 끝나거나 끊겨 있어도 뜻은 계속 연결된다는 것을 의미한다. 그렇게 하기 위해서는 항상 한 획을 쓸 때 다음 획을 미리 마음 속으로 의식하여 끊임없이 획과 획, 글자와 글자가 연속될 수 있도록 해야 한다. 이렇게 완성된 글씨는 기맥이 연결되고, 작가의 뜻이 기운과 더불어 한 작품 속에 가득 차게 되는 것이다. 그런데 이 필단의연이 잘되기 위해서는 의식의 집중과 함께 먼저 의재필선意在筆先이라는 개념이 선행되어야 한다. 의재필선은 글씨를 쓰기 전에 먼저 그 작품의 전체 구성과 글자 한 자 한 자의 모양과 획들의 배치 등에 대하여 미리 마음 속으로 그려보는 것을 말한다. 이것은 그림을 그릴 때 초고礎稿를 잡거나 스케치를 하여 구도를 잡는 것과 그 맥락이 동일하다. 서예의 경우에도 많은 에스키스(초고) 작업은 작품 제작에 절대적으로 필요하다고 본다.

물론 초보자의 경우에는 당장 의재필선이니 필단의연의 실현이 쉽지는 않겠지만 항상 이러한 의식의 작용이 있음으로 해서 빠른 진보가 있게 되며, 어느 정도 서예에 숙달이 되면 쓰고자 하는 작품의 글씨가 화면에 영상이 나타나듯 보이게 된다.

마음이 가는 곳에 붓끝이 있는 것이다. 혹은 초현실주의자들이 사용하였던 '자동 기술'이라는 방식도 있지 않느냐고 이야기할 수도 있겠다. 하지만 그것도 찬찬히 들여다보면 자신이 의도하는 바를 우연이라는 방식과 합일하고자 하는 의도가 배제되어 있다고 볼 수는 없다고 보여진다. 또한 필단의연, 의재필선이라는 의미 속에는 단순히 서예의 필법을 설명했다기보다 서예를 도구로 삼아 전해오는 선조들의 철학과 사고의 결정체가 담겨 있다고 볼 수 있다. 예를 들어 필단의연은 필筆이라는 육신이 다하더라도 의意라는 것이 유기체처럼 끊임없이 생명력을 이어가는 것을 의미한다고 볼 수도 있으며, 의재필선이라는 의미 속에는 선조들이 좌우명이든 경전이든 그 어떤 것을 통해 마음의 방향을 어떻게 할 것인가를 심도있게 고민하여야 함을 의미한다고 볼 수도 있다. 이 또한 궤변일지 모르나 서예라는 장르가 이렇게 삶에 대한 미묘한 성찰이 있는 예술이라는 점은 정말이지 매력적인 것이 아닌가.

서체와 서풍

우리가 흔히 말하는 서체는 시대에 따라 형성되는 형식미形式美의 완성과 더불어 더욱 풍부한 변화를 가지게 된다. 그리고 일반인들이 알고 있는 송설체니 추사체니 하는 것은 엄밀히 말하면 서체가 아니라 각 서체에서 파생된 개개인의 독특한 서풍이라고 해야 적절하다. 서체는 기원전 1500년경 발생한 갑골문으로부터 출발하여 수隋나라를 거쳐 당나라 초에 완성된다. 이렇게 완성된 서체는 크게 전서篆書, 예서隸書, 해서楷書, 행서行書, 초서草書의 다섯 가지로 대별大別되는데 발생된 순서를 살피면 전서가 가장 먼저 생겨나고 전서의 간략화로 인해 예서가 생겨난다. 일반인들은 그 다음에 보통 해서가 생겨나고 그것을 빨리 쓰는 것은 행서, 나아가 행서를 더욱 간략화시킨 것을 초서로 알고 있는데 이는 잘못된 상식이다. 초서는 본래 장초章草라고 하여 한漢나라 초에 이미 예서를 간략화시켜 발생하였기 때문에 해서의 발생보다 앞선다고 봐야 한다. 그리고 마지막으로 완성되는 서체는 완벽한 구조적 조형주의를 구현한 해서라고 볼 수 있다. 이후 시대부터는 새로운 서체의 시대는 가고 우리가 보편적으로 부르는 구양순체, 안진경체, 추사체에 이르기까지 개인의 서풍이 발현되게 되며 청대말淸代末에 오면 복고주의의 바람이 불어 더욱 다양한 개성이 발현되게 되었다. 그러나 그 후 서구의 동양문화 침탈과 산업화, 현대화는 상대적으로 변화에 빠르게 대처하지 못하는 서예를 지금의 침체기에서 벗어나기 힘들게 만들었다.

갑골문甲骨文, 서예술의 태동

갑골문甲骨文이란 귀갑수골문龜甲獸骨文의 준말로 은殷나라 때 제정일치祭政一致 시대에서 어떤 사안에 대한 점을 치기 위한 점복문占卜文과 그것과 관계있는 사항을 기록하였다. 갑골문은 일반적으로 상형문자이며 1899년 중국 하동성河東省 소둔촌小屯村에서 처음 발견되었다. 갑골학자인 동작빈董作賓에 의하면 갑골문은 그 유형에 따라 5기期로 구분된다고 하며 세계적으로 가장 우수한 것은 제1기의 글씨라고 평했다. 갑골문의 서체는 예리한 칼로 새겨서 직선이 많으며 획의 끝부분이 뾰족하여 대단히 날카롭고 짜임새나 풍기는 맛이 나름대로의 독특한 분위기를 나타낸다. 또 하나 획기적인 사실은 글씨를 바로 갑골에 새긴 것이 아니고 당시에 붓을 사용하여 글을 쓰고 난 후에 이것을 새겼다는 설이 확실시되고 있다는 점이다. 문자文字에 필의筆意가 있다는 것은 원시 서예로서 갖는 의의가 크다고 볼 수 있으며 이미 갑골문은 이후 발전될 서예의 모든 가능성을 배태하고 있었음을 알 수 있다.

금문金文, 자연의 상징

금문은 종정문鐘鼎文이라고도 하며 은주시대殷周時代에 청동기 위에다 새긴 문자를 말한다. 이러한 전통은 한대漢代까지 이어지게 된다. 초기 은나라 때의 금문에는 그림인지 문자인지 구분하기 모호한 도상문자圖象文字라는 것이 있는데 마치 서화동원론의 근거를 보는 것 같다. 그 후 대개의 금문은 갑골문을 계승하고 있는데 대부분이 주물鑄物로 만들어졌기 때문에 필획筆劃이 갑골문에 비해 둥글고 장중하며 비교적 자유롭게 이루어져 있다. 대표적인 자료로는 산씨반散氏盤, 대우정大盂鼎, 모공정毛公鼎 등이 있는데 화가나 서예가들에게 예술적 영감을 불러일으킬 다양한 근거를 가지고 있으며 사실 그 맛을 표현하려는 시도가 오늘날까지 이어지고 있다. 클레, 남관, 마크 토비 같은 작가들이 금문에서 영감을 얻었다면 필자의 지나친 억측일까?

전서篆書, 고대 왕조의 엄격함

전서는 대전大篆과 소전小篆으로 나뉜다. 대전의 대표적인 것은 석고문이 있다. 석고문의 제작년도에 대해서는 여러 설說이 있지만 지금은 전국시대戰國時代의 것으로 보는 설이 유력하다. 석고石鼓는 큰 북 모양을 한 돌이며 모두 10개가 있다. 어느 것이나 높이 90cm, 직경 60cm 정도이며 많은 글자가 새겨져 있지만 돌이 풍화되어 지금은 겨우 270자 내외만 판독할 수 있다. 석고문은 자체字體가 크고 글씨가 훌륭하여 후대의 많은 서예가들에게 영향을 주었는데 그 대표적인 작가가 청대淸代의 오창석이다.

소전은 진시황秦始皇이 여러 부족국을 통일해 진을 세우고 이때까지의 여러 제도를 폐하고 전 분야에 걸쳐 대개혁을 단행하였는데 그 일환으로 제멋대로였던 문자를 통일하고 이것을 재상 이사李斯가 완성하게 한 것이다. 소전은 당시 복잡하고 통용이 되지 않았던 문자를 간단하게 고치고 실제 쓰기에 간편하게 만든 것이다. 그 특징은 길게 장방형을 이루며 단정하고 엄정하여 균제均齊가 잘 잡혀 있는 것이다. 그러나 예술작품으로서는 움직임이 결여되어 풍부한 감정을 가지지 못하는데 청말의 등석여鄧石如 이후 제가諸家들에 의해 다양한 표현들이 더해져 새로운 생명력을 갖게 되었다.

예서隸書, 예술로서의 화려한 비상

기록에 의하면 예서는 진시황 때 죄를 지어 감옥에 있던 정막程邈이란 사람이 만들었다고 전해진다. 감옥의 간수들이 작성해야 할 공문서가 많은데 전서로써 기록하여 처리하기가 어렵기 때문에 전서의 획을 간결하게 하여 쓰기 편리하게 하였다고 한다.

예서에는 파책波磔이 있는 것을 팔분八分이라고 하고 파책이 없는 것을 고예 古隸라고 한다. 고예古隸는 전한前漢시대에 나타나는데 남아있는 석각은 그 수가 대단히 적다. 그 중에 노효왕각석魯孝王刻石과 내자후각석萊子侯刻石 등이 있는데 강유위康有爲는 내자후각석萊子侯刻石에 대해 위작僞作이라고 말하고 있다. 그러나 근년近年에 와서 새로운 자료들이 대량으로 출현出現하여 서예술 연구에 새로운 지평을 열고 있다.

그것은 호남성湖南省 장사長沙의 마왕퇴馬王堆에서 발굴된 백서帛書와 목간木簡이며 또 하나는 1907년 영국의 스타인(Aurel Stein)에 의해 발굴된 돈황한간敦煌漢簡이 있는데 총 700여 점이 된다. 우리가 흔히 예서라고 하는 팔분八分은 전한後漢시대에 오면서 그 예술적 감흥이 꽃을 피우는데, 자형의 구조에서 용필用筆에까지 종횡무진한 변화를 추구하여 다채롭고도 독특한 풍격을 가진 수많은 걸작들이 등장한다. 특히 예서는 파책으로 말미암아 움직임을 얻게 되는데 이것은 서예 역사상 획기적인 발견이며 이후 서예술이 현재의 수준으로 도약하는 계기가 되었다.

초서草書, 서예의 꽃

초서는 한漢나라 때부터 나타났는데 돈황한간敦煌漢簡의 발견으로 분명해졌다. 이때의 글씨는 예서를 간략화시킨 것으로 장초章草라고 하는데 붓을 처음 대는 곳과 파임의 끝부분이 완전히 예서의 법을 따르고 있다. 그러나 예서의 필법을 따르기 때문에 한 자 안에서의 필획은 어느 정도 연결이 되어 있지만 글자끼리는 서로 연결되지 않는 부분이 많아 초서로서의 완성은 후대後代에 왕희지의 출현으로 완전한 체계를 굳히게 되었다. 이렇게 완성된 초서를 금초今草라고도 한다.

여기에서 당나라의 장욱張旭이나 회소懷素에 이르게 되면 붓의 움직임이 더욱 자유롭고 구속되지 않는 광초狂草가 등장한다. 특히 초서를 서예의 꽃이라고도 하는데 이는 아주 적절한 표현이다. 초서가 갖는 역동적인 운동감과 찰나성, 그리고 다양한 변화와 공간성은 순수 추상으로 확대되며 작가의 역동적 에너지를 시공간 위에 찰나적으로 나타낼 수 있다. 필자의 생각으로는 이 초서를 어떻게 활용하고 확대해석 하느냐에 따라 현대미술로서의 서예의 위상이 달라질 수 있다고 생각한다.

해서楷書, 건축적 조형주의

해서는 진서眞書, 혹은 정서正書라고도 불렀다. 이것은 예서에서 비롯된 것으로 초서의 어지럽고 표준이 없는 것을 바로잡을 목적으로 예서의 평평하고 곧은 획을 모나고 바르게 변형시켜 나온 것으로 초기의 것은 아직 예서적인 분위기를 벗어나지 못하였다. 이것이 차츰 발전하여 위진남북조魏晉南北朝 시대에 와서 점차 자리를 잡게 되었고 우리는 통상 북위서北魏書 혹은 육조서六朝書라 부른다. 이 육조서는 아직 예서의 영향이 다소간 남아있으며 점획이 모가 강하게 져서 날카로운 인상을 주고 갈고리와 파임은 대단히 강력하게 느껴진다. 해서는 서양회화로 따지면 마치 야수파와 같은 이미지를 지녀 대단히 야성적인 맛이 있다. 그러나 상당수가 통일성을 잃어 대단히 조잡하게 느껴지는 것도 있으며 전체적으로 세련된 기분은 들지 않는다. 저명著名한 것으로 용문이십품龍門二十品, 장맹룡비 등이 있다.

해서는 당대唐代에 들어와서 완성이 되는데 위비魏碑의 필법筆法에 왕희지의 귀족적인 서풍이 혼합되어 건축학적 미감으로 완벽한 조형의 해서가 나타난다. 구양순, 우세남, 저수량, 안진경 등 당 4대가로 불리는 작가들이 있다. 오늘날 우리가 배우는 서예조형의 대부분은 해서를 기준으로 하며 간가결구에 대한 연구도 거의 해서에 국한되어 있다. 초보자가 배우는 서체로 가볍게 미루어 버리기에는 당해서唐楷書의 작품은 통일성, 변화, 균형, 조화, 공간감이 잘 어우러져 조형적으로 너무나 완벽하다. 특히 구양순이 이룩한 조형적 성과는 현대미술이 보여주는 평면조형의 모든 것을 내포하고 있다.

행서行書, 중도中道의 표현

행서는 가장 실용적인 서체이면서 해서를 간편하고 쓰기 쉽게 변형한 것이라 할 수 있다. 왕희지의 유명한 난정서도 행서로서 지금까지 많은 서예가에게 영향을 미쳤으며 행서는 실용성과 예술성 모두를 지녀 가장 대중적 호응도가 높은 서체이다. 행서는 해서의 조형적 성과와 초서의 변화무쌍한 운필運筆을 이용한 중도적中道的 서체로서 행서의 이러한 방법들을 이용하면 다른 서체에도 보다 나은 동세를 부여할 수 있으리라 생각한다.

우주적 균형과 생명현상 구현

중봉주의 中鋒主義

예술론은 크게 세 가지로 구별할 수 있으니 표상론表象論, 표현론表現論, 형식론形式論이 그것이다. 우선 대부분의 원시미술에서 보여지는 것은 자연에 대한 표상表象이라 할 수 있다. 자신의 힘으로는 헤아릴 수 없이 거대한 자연에 대한 외경畏敬, 사냥을 위해 필요한 지식과 주술呪術, 기복이 겸비된 동물그림 등에서 출발한 회화繪畫가 농경사회와 근대화를 거치는 동안, 주제의 변형과 의식의 확산은 있었을지라도 인류는 상당한 세월동안 자연에 대한 표상에서 벗어날 수 없었다. 그렇게 오랜 시간 동안 이어져 왔던 흐름이 철학에 대한 인식의 변화, 근대화로 인한 사회 환경의 급격한 팽창, 우주여행을 하기까지 이른 자연과학의 발전 등을 통하여 드디어 예술도 자연에 대한 외경에서 벗어나 인간본연의 문제와 인생에 대한 성찰로 주제를 옮겨감으로써 작가는 이제 작품이라는 조형언어를 통하여 인생, 진리에 대한 작가의 감정이나 정서, 의식의 방향을 적극적으로 드러내는 표현론에 이르게 되었으며 더 나아가 아름다움은 그것을 담고 있는 형식에 의해 결정된다는 형식론으로까지 발전하게 되었다.

형식론은 간단하게 설명하자면 장미의 아름다움은 그 미묘한 색상과 꽃잎의 크기, 배치 등 장미꽃만이 가진 형식에 의해 장미의 아름다움이 결정된다는 것이다. 이와 같이 예술론은 크게 세 가지로 나누어지지만 이러한 내용들이 각각의 작품들에 완전히 독립적으로 적용되지는 않는다.

서예의 경우에도 이러한 세 가지 예술론이 혼재되어 있는데 대다수가 표상론에 바탕을 둔다. 그러나 장욱張旭의 광초狂草와 같은 글씨는 현대예술의 표현론을 단적으로 보여주고 있으며 당초唐初에 완성된 해서를 끝으로 이루어진 서예의 5체는 형식론의 전범을 보여주는 경우라고 할 수 있다.

그러나 서예가 다른 예술과 특히 다른 점은 이러한 예술론에 앞서 문자의 사용과 더불어 모필毛筆이라는 독특한 도구의 사용에 기인한다고 볼 수 있다. 같은 붓을 사용하더라도 서양화의 모필과 달리 부드럽고 긴 털은 특별한 방법에 의한 오랜 숙련을 요구하고 있다. 그것은 서양과 다른 고대 동양의 자연관自然觀과 밀접한 관계가 있다.

옛 동양인들은 사계四季의 순환과 자연현상을 통하여 인간도 자연의 일부로 인식하고, 조화된 균형을 이상으로 삼았으며 모든 물질에도 정신이 깃들어 있다고 생각하여 붓과 같은 도구나 그것으로 이루어진 결과물인 서예 자체까지도 하나의 생명현상生命現像으로 규정하였다. 그러한 결과 붓의 사용도 병적인 요소를 제거하고 가장 이상적인 붓의 운동을 추구하였으며 나아가 거기에 철학적인 사상과 자연의 순환성까지도 고려한 조화와 균형에 중점을 두게 되었다.

이러한 조화와 균형은 점과 획의 조립인 조형造形으로 완성되는데, 특히 점과 획을 만들기 위해 붓을 사용하는 운필 방법은 크게 중봉中鋒, 측봉側鋒, 파봉破鋒, 편봉偏鋒으로 이루어져 있으며 그 중 파봉, 편봉은 병病이라 하여 사용할 수 없고 중봉과 측봉만을 사용할 수가 있다고 하였다. 그중에서도 중봉은 특히 절대적이라고까지 할 수 있는데 서예를 배운지 오래지 않은 초보자까지도 중봉이라는 단어만은 알고 있다.

그러면 서예의 대다수를 차지한다고 해도 과언이 아닌 이 중요한 중봉이란 무엇인가? 대부분의 경우 중봉이란 붓의 끝이 획의 중앙을 통과하게 써야 하는 것으로 알고 있다. 그러나 실제로 글씨를 써보면 해서楷書의 경우 그 필획의 모양이 다양하기 때문에 붓끝이 획의 중간을 통과하도록 쓰기가 불가능하다는 것을 알게 될 것이다. 그럼에도 불구하고 대부분의 서예원에서 글씨를 가르칠 때는 이러한 개념의 중봉을 강조하고 있다. 심지어는 이러한 이론을 억지로 글씨 쓰는 방법에 맞추다 보니 무리하게 붓을 만들게 되어 글씨를 쓰는 것인지 그림을 그리는 것인지 도무지 구분할 수가 없는 경우도 있다. 서예를 어느 정도 공부한 사람들도 이러한 부분들을 지적하면 처음에는 이론대로 무리하게 하기도 하고 불가능한 부분을 적당히 얼버무려 버리기도 했지만 시간이 흐르면서 차츰 의례히 그렇게 하는가 보다 하고 더 이상의 의심도 갖지 않게 되었다는 이야기를 종종 듣게 된다.

그러면 다소간 지루하지만 이러한 중봉의 개념이 생기게 된 원인을 역대서론가 중에 「예주쌍즙藝舟雙楫」이라는 저명한 책의 저자인 포세신의 말을 인용해 보자.

"……열심히 연습하여 1년 뒤에는 서書에 묵墨이 점획의 주위에서 가운데로 모여 한 가닥의 선이 되어 보이게 되었다. 항상 숙지를 사용하여 쓰면 묵墨은 모두 양단에서 점차 가운데 쪽으로 말라가고 한 가닥의 선線이 실이나 머리카락 같이 가늘게 보여 먹빛이 보통과 달라 있고 종이 뒤쪽에서 보면 바늘로 쓴 것 같은 것이다.……"
라고 그는 말하고 있다. 여기서 필봉筆鋒, 즉 붓끝이 획의 중앙을 통과했음을 암시하고 있다.

서예에 있어 중봉의 개념은 유교의 중용中庸과 불교의 중도中道사상과의 연계를 생각해 보지 않을 수 없는 것이다. 예술은 시대적 소산所産이라고 한다. 예술은 즉 그 시대의 문화와 사상의 반영인 셈이다. 공자의 손자인 자사에 의해 중용이라는 책이 지어 졌다면 그러한 사상은 그 전부터 싹트기 시작했을 것이며 자사에 의해 완전히 정리가 되었을 터이다. 그리고 때마침 도래한 불교의 중도사상은 그러한 당시의 사상과 잘 부합이 되었을 것이며 어느덧 사회 전반으로 확산되어 예술에까지 영향을 미쳤을 것이다.

현재까지 전해오는 서론 중 중봉에 관한 설명으로 가장 최고最古의 것은 한대漢代 채옹蔡邕의 「구세九勢」가 아닌가 한다. 인용하면 그는 "필봉의 중심이 항상 필획의 중심에 있도록 한다."고 하였다. 채옹은 후한 말기의 사람으로 종이 발명(서기 105년, 채륜의 종이 발명설을 인정할 경우) 직후인 133년~192년 사이에 살았던 사람이다. 그리고 그 시대는 필기도구의 혁신으로 말미암아 전대前代와는 비교되지 않을 만큼 서예가 발전했다. 서예가들은 처음으로 그들의 재능을 마음껏 발휘하여 이후 예술로서의 서예가 발달하게 되었다.

이러한 중봉의 사상적 배경은 쓰인 작품만을 보고 판단하기에는 무리가 있지만 아마도 진秦이 천하를 통일하고 난 다음 나타난 소전小篆의 표정 없는 같은 굵기의 획부터 본격적으로 사용되었으리라 본다.

오늘날의 기준에서 본다면 극히 사소한 하나의 정보에 불과한 것일지라도 옛날에는 그것이 마치 굉장한 비밀이나 비결인 것처럼 생각하여 지나치게 소중히 함으로써 오히려 객관성을 잃어 발전이 지체되고 중국인들의 복고적인 성향과 맞물려 무려 2000년 가까이 반복 인용된 터무니없는 개념이 바로 중봉에 관한 것이라고 할 수 있다. 그들이 말하는 중봉은 무슨 커다란 비결이기보다 그저 부드러운 모필毛筆을 잘 다스려 글씨를 가지런하고 통일성 있게 쓰는 하나의 요령에 불과하다고도 볼 수 있다. 또한 과거 글씨의 대부분은 1cm 크기 이하의 상태가 대부분이어서 오늘날과 같이 직경 20mm정도의 큰 붓으로 주먹 크기 이상의 글씨를 쓰는 상황과는 맞지 않다고도 볼 수 있다.

붓이 크고 글씨가 큼으로써 화선지 위에 저항하는 힘의 크기도 다르고 단순히 붓끝의 상태를 가지런히 하여서는 현대인이 받아들이는 웅장하고 역동하는 획의 상태를 표현하기는 어려울 것이다.

그럼에도 불구하고 중봉의 개념은 현재 많은 서예가들이 막연히 중봉, 중봉하면서 중요시 여기는 것보다 더욱더 중요한 의미와 가치를 지닌다. 사실 중봉은 서예에서 가장 중요한 개념이며 서예가 문자를 포기할 수 없듯 서예인들에게는 버릴 수 없는 개념이다. 어쩌면 우리는 중봉의 개념을 가장 우위에 둔다면서도 진정 중봉의 빛나는 가치를 모르고 있지는 않은지 성찰해 볼 필요가 있다. 중봉은 단순히 붓의 가는 길이나 붓을 지면紙面에서 90도로 잡아 기울이지 않고 움직여야 하는 시각적 개념이 아니다.

필자는 중봉을 균형均衡이라고 생각한다. 바람이 부는 것은 지구 위의 대기가 끊임없이 균형을 취하기 때문이다. 자연계의 먹이사슬도 균형의 법칙이다. 광활한 우주에 펼쳐져 있는 별들도 인력과 척력에 의해 끊임없이 균형을 유지하고 있다. 균형이 무너지면 결국 파멸을 초래한다. 부동자세가 균형, 즉 중봉이 아니다. 끊임없이 도약하는 무용수들의 아름다운 동작은 완벽한 균형을 이루며 그 비대칭 균형 속에서 힘의 중심을 잃지 않는다. 그것이 서예에서의 중봉의 개념이며 쓰는 사람의 자세와 중심을 잃지 않은 힘의 균형이 서예의 선으로 표출되는 복합적 작용이라고 할 수 있다.

결국 중봉中鋒은 붓의 작용만이 아니라 지난 2000년 동안 추구되어온 우주적 균형으로서의 중봉주의中鋒主義이며 그 속에는 과학이 밝혀내고 철학이 나아가는, 우주에 대한 이해를 바탕으로 하는 개념이 녹아 있는 것이다.

장봉藏鋒과 회봉回鋒

중학교 다닐 때라고 생각한다. 옆 방에 세들었던 분이 서예학원을 다녔는데 일요일에는 마당의 평상 위에서 글씨 연습을 하곤 했었는데 당시 그림그리기와 글씨쓰기를 좋아하던 나에게는 대단한 흥밋거리였다. 특히 인상적이었던 것은 먼저 마치 비석을 연상하게끔 하는 큰 먹이었다. 문방구에서 팔던 새끼 손가락 같은 먹만을 보아온 나로서는 그렇게 큰 먹을 본 것이 난생 처음이었다. 지금 생각해 보니 당시 그분은 서예에 입문한지 2~3개월 정도에 불과했다고 보여지지만 어린 내 눈에는 그 먹 하나만으로도 기가 죽어 버릴 정도였다. 그런데 당시 동네에서 손재주를 자랑하던 내 눈에 이상하게 비친 것은 그 분이 글씨를 쓰는 것이 아니라 마치 그리는 것 같이 느껴졌다는 것이다. 호기심에 나는 왜 획을 긋는데 앞뒤로 칠해가면서 하느냐고 물었더니 그 분은 대답을 선뜻 하시지 못했었다. 학원에 가니까 역입逆入이라고 해서 이렇게 하라고 하더라고 대충 얼버무렸다.

세월이 지나면서 나도 서예에 입문을 하게 되었고 역시 마찬가지의 과정을 밟게 되었다. 그러나 항상 왜 붓을 거슬러 들어가고 갔던 길로 다시 돌아와 붓을 떼어 내는지 그 이유는 명료하게 풀리지 않았다. 물론 서론書論도 읽어보고 주위 선배들에게 질문도 해 보았지만 신통치 않았다. 더욱 딱한 것은 여러 군데 출강을 나가고 서예를 지도하면서 느끼는 것은 역입이라는 것을 그저 형식적으로 남이 하니까 그렇게 하는 경우가 대부분이라는 것이다. 이유도 모른 채 그저 막연히 그어대는 사람들을 보면서 나는 출강을 나가면 반드시 왜 역입을 하고 장봉을 하느냐고 묻는다. 대답은 한결같이 힘을 더 줄 수 있다는 것이다. 물론 틀렸다고 보기는 어렵다.

필자의 경우에도 처음에는 물리학적인 힘의 작용, 반작용 때문이 아닌가 생각하였다. 그러나 이러한 생각은 서예에 있어서 장봉藏鋒의 본질을 설명하는 데 극히 부분적인 것에 지나지 않는다.

우리는 흔히 서예작품을 보면서 이 획劃이 살았다, 죽었다는 표현을 많이 쓴다. 무생물체인 서예의 획을 살았다, 죽었다 하고 표현하는 것은 서예를 마치 생명 있는 유기체로 인식한다는 것이다. 서론에 골육근혈론骨肉筋血論이 있다. 획을 하나의 생명현상으로 파악하여 뼈와 살, 근육과 피 등으로 보는 것이다. 중봉中鋒의 바른 운필법으로 뼈를 세우고 획의 굵기 등을 살로 파악하여 획과 획 간의 조립에 있어 우리의 팔다리를 연결하고 움직이게 하는 근육 역할의 부분을 찾아내는 것이다. 먹의 사용 또한 피로 비유하여 획 하나 하나, 글씨 한 자 한 자를 생명체로 본 것이다.

이 세상의 모든 생명체는 단세포 생물일지라도 그 생물체를 감싸는 막을 형성하여 하나의 고유한 영역을 만들고 있다. 그래서 서예에 있어서 획을 하나 형성하는데도 생명체와 같은 독립된 공간을 만들기 위해 장봉이라는 형식을 도입하여 독립된 입체적 공간을 만드는 것이다. 따라서 역입逆入이라는 것은 장봉을 하기 위한 붓의 작용에 다름 아니다. 우리가 글씨를 쓸 때 장봉을 하는 본질을 이해한다면 굳이 역입을 형식적으로 칠하지 않아도 될 것이다.

그리고 장봉은 오히려 미묘하게 하는 데 그 맛이 있는 것이다. 글씨를 오래 쓴 사람들이 공중역입이니 공중장봉이니 하는 것은 바로 이런 것을 두고 하는 말이다. 획의 끝부분을 처리하는 방법은 여러 가지가 있지만 공통적으로 회봉回鋒이라는 형식을 취하고 있다. 회봉의 경우에도 장봉과 마찬가지로 닫힌 공간을 만들기 위해서이다. 이와같이 서예의 획은 장봉이라는 머리와 회봉을 꼬리로 하여 하나의 호흡으로 살아있는 의미있는 그 무엇이 되는 것이다.

노봉露鋒과 평출平出

생명체는 독립된 공간을 형성하지만 외계外界와 끊임없이 대사라는 작용을 통하여 순환하고 있다. 우리의 눈, 코, 입 등은 바로 외부세계와 통하는 문이라 할 것이다. 이와같은 맥락에서 본다면 서예의 획은 장봉만이 있는 것이 아니다. 붓끝을 드러내는 노봉露鋒이라는 형식은 눈, 코 등에 해당하여 서예에 더욱 미묘하고 깊은 생명감을 자아내게 하는 것이다. 유기체적인 서예의 특성은 여기에서 끝나는 것이 아니다. 배설기관에 해당하는 특성도 있는데 굳이 역입평출이라는 필법의 평출을 예로 들지 않더라도 삐침 등의 빼내는 획은 모두 여기에 해당된다고 할 수 있다. 그런데 이러한 생명현상의 구현은 불교사상의 유입으로 철학적으로 더욱 미묘한 빛을 발한다. 무왕불수無往不收, 무수불축無垂不縮이니 하는 것들이 바로 그것이다. 가면 반드시 돌아와야 하고 드리우면 반드시 오므려야 한다는 말인데 불교의 불생불멸不生不滅이라는 말과 그 궤를 같이 하며 아인슈타인의 등가원리, 즉 에너지 보존의 법칙과도 동일하다고 생각한다. 단순한 하나의 선線 속에 함축된 동양 수천 년의 지혜가 이렇게 감춰져 있다고 하겠다.

삼절三折

삼절三折은 본래 일파삼절一派三折에서 나온 것으로 파波는 서예에서 파임을 이르며 절折은 붓끝의 방향이 꺾이는 것을 말한다. 지구상에 나타난 생물 중 땅 위에 사는 척추동물은 뼈로써 몸을 지탱하고 움직여 나간다. 그들의 골격구조를 살펴보면 한결같이 공통적으로 세 마디의 꺾임이 있다. 아마도 움직이기 위해서는 이 딱딱한 뼈에 마디를 주어야 했을 것이며 한두 마디로는 움직이기에 적절하지 않았을 것이다. 그렇다고 네 마디 이상 마디 수를 늘려보았자 오히려 비경제적이었을 것이며 세 마디로도 모든 조건을 충족시키기에는 충분했을 것이라 생각된다. 물론 이런 뼈대를 움직여 나가는 것은 힘줄과 근육의 작용이겠지만 사람들은 이런 모습에서 강한 운동감과 힘을 느꼈을 것이다.

자연에서 받은 이러한 표상은 평면에도 그대로 적용되어 밋밋한 선이나 점은 운동감이 없고 생기가 결여되어 마치 생명 없는 무생물과 같이 느껴지는 경우가 많다. 서예는 자연의 표상에서 살아있는 유기체적인 느낌을 부여하기 위하여 부단한 노력을 기울여왔다. 삼절은 이와같은 생명현상의 힘을 유효적절하게 표현할 수 있는 수단으로써 서예의 선에 강한 힘을 부여할 수 있었다. 이후 삼절은 파임에만 국한되지 않고 모든 획에 세 번의 꺾임을 가지게 되었으니 예서의 태동 이후 서예는 또 한 번 진보하여 고요한 화면에 활기찬 움직임을 부여하게 되었다. 판에 박은 듯이 죽어있는 소전과 비교해 보면 화려하게 파도치는 예서의 획이 얼마나 생기있고 율동감있게 우리에게 다가오는가. 이 삼절의 등장은 죽어있던 서체에 생명을 불어넣고 작가의 풍부한 감성을 마음껏 발휘하게 하여 서예술의 신경지를 열게된 배경이 되는 것이다. 소전小篆 이전의 갑골문甲骨文이나 종정문鐘鼎文은 아직 정리되지 않고 균제되지 않은 원시적 미감의 원형이라면 예서의 등장은 인간의 의식이 예술적 감흥으로 삼절이라는 다리를 얻어 마음껏 질주하는 시대를 열었던 것이다.

그런데 문제는 현대에 와서 삼절이라는 개념이 뱀이 개구리를 잡아먹은 모습처럼 형식적으로 볼록볼록한 마디를 만드는 방식으로 고정화된다는 점이다. 주의를 둘러보자. 모든 척추동물이 세 마디의 관절을 가지고 있지만 살아가는 양상에 따라 서로 다른 훌륭한 팔다리를 가지고 있다. 삼절의 의미를 되새겨보면 본래 동세를 부여하기 위한 방법이었다. 그러나 동세를 부여하는 것이 삼절만은 아님을 알아야 한다. 지렁이나 뱀은 삼절이 없음에도 불구하고 유연한 움직임을 보인다. 지구상의 모든 동물들은 삼절이 없이도 고유한 방식으로 훌륭한 움직임을 보이는 것이 많다. 본래의 목적이 글씨에 생기를 불어넣고 동세를 부여하는 것이라면 굳이 삼절만이 정답은 아닐 것이며 훌륭한 삼절의 방법을 고정화시키는 것도 예술로서는 바람직하지 못하다.

골육근혈
骨肉筋血

나는 항상 서예를 생명현상의 구현으로 생각한다. 오랜 시간 동안 연습되고 숙달되어진 선은 작가의 정신과 함께 찰나간에 지면 위에 에너지로 파도친다. 서예의 이러한 생명적 특징은 서예 전반에 걸쳐 나타나는데 골육근혈론骨肉筋血論은 그것을 구체적으로 간주하여 뼈와 근육과 살과 피로 보는데, 물론 이것은 설명을 하기 위해 편의상 구분하였지만 항상 동시에 존재하게 되는 것이다.

골법骨法은 사혁의 육법에 골법용필骨法用筆이라 하여 뼈를 세우는 것이 서예 전반의 붓을 쓰는 용필법에 있음을 시사한다. 옛날 서론에는 곧잘 획중劃中에 묵흔墨痕이 있다는 것으로 설명하기도 하는데 필자의 생각으로는 더 이상 이 대목은 거론되지 않는 것이 좋다고 생각한다. 억지로 끼워 맞추는 시대는 이미 지났기 때문이다. 골법骨法은 우리가 흔히 쓰는 중봉中鋒, 측봉側鋒, 돈필頓筆, 제필提筆 등등의 방법으로 이야기하는 다양한 붓의 사용을 말하는 것이며 이것은 서예의 가장 본질적이고도 핵심적인 사항이다. 서작書作의 성패成敗는 여기에 있다고 해도 과언이 아니다.

다음으로는 육법肉法인데 획의 굵고 가는 정도를 이야기한다. 옛날부터 안근유골顏筋柳骨이라고 하여 안진경의 글씨는 획이 굵고 장중하며 유공권은 가늘고 강한 글씨를 썼음을 두고 하는 말이다. 그러나 이 육법은 단순히 획의 굵고 가늘기만을 이야기하지는 않는다. 골법에 해당하는 용필과 혈법에 해당하는 먹의 농담과 붓에 묻어있는 먹의 함량과의 상관관계에 따라 달라지는 것이다. 이것은 대단히 미묘한 것으로 오랜 경험을 통하여 이루어지는 것인데 초보자의 경우 종종 시간이 없다고 벼루에 사포질을 하여 거친 벼루면에 먹을 가는 것을 볼 수 있는데 한 번쯤 짚고 넘어가야 하는 문제이다. 먹은 입자로 이루어져 있다. 봉망이 거친 벼루에 갈린 먹은 입자가 굵기 때문에 혈법에 해당하는 먹의 발묵發墨에 대단히 큰 문제를 야기하며 육법에도 영향을 미친다. 시험 삼아 가장 잘 번지는 종이에 곱게 갈린 먹과 비교를 해보라. 그러면 그 치이점이 확연하게 드러날 것이다. 생명체는 조잡하게 이루어져 있지 않다. 서예는 미묘함에 그 생명력이 있는 것이다. 다음에는 근법筋法으로 생生과 도度와 류留라는 것이 있다.

생生이라는 것은 한 작품 속에 한 줄 한 줄이 서로 살아 있어서 전체가 생명력을 가져야 하고, 한 줄 속에서도 한 자 한 자가 서로 호응하고, 한 자 중에서도 획과 획이 서로 어우러져 있어야 함을 이야기한다.

도度라는 것은 획과 획 간의 기맥을 이야기하는데 마치 우리 인체의 뼈들이 근육으로 연결되어 한 덩어리를 이루듯, 획과 획이 떨어져 있어도 마치 눈에 보이지 않는 선으로 연결된 것처럼 하라는 것이다. 초보자의 경우 한 획 한 획에만 신경을 쓰다가 가장 오류를 범하기 쉬운 부분이다.

다음으로는 류留가 있는데, 한 획 한 획에 기운을 갈무리하라는 뜻이다. 앞 장의 장봉과 회봉 부분의 설명은 이를 두고 하는 말이다.

마지막으로 혈법血法이 있다. 혈법은 묵墨의 사용을 말하는데 서예의 획을 이야기할 때, 먹의 농담濃淡이나 윤갈潤渴 등을 말한다.

한 작품에 있어서 먹의 사용은 대단히 중요한 것으로 용필用筆과 더불어 작품전체의 분위기를 결정짓는다. 따라서 작가는 스스로의 의도에 따라 먹을 조절함으로써 원하는 분위기의 작품을 할 수가 있는 것이다. 반천수潘天壽는 먹의 사용에 대해 이렇게 말한다. "마른 붓을 사용하면 막히기가 쉬우므로 운치가 나지 않는다. 그러나 강한 운필을 사용하여 붓을 움직이면 화목함을 얻어 상쾌하여 매끄럽지 않고 기이한 맛을 내어 운치가 절로 생긴다. 윤필潤筆을 사용하면 먹물이 지나치게 많기 때문에 뼈대가 없어진다. 그러나 먹을 많이 사용하면 붓을 쓰기가 부드럽기 때문에 어지러워도 다스림이 있어 골격이 스스로 이루어진다.", "먹은 반드시 흐린 가운데도 진한 맛이 있어야 하며 진한 가운데도 흐린 맛이 있어야 한다. 그래야만 흐리더라도 웅장한 맛을 나타내어 평평하면서도 평평하지 않은 글씨가 된다."라고 하였다.

먹의 사용은 생각처럼 쉽지 않다. 그 빛깔 또한 참으로 다양하다. 그러나 그 미묘한 맛을 즐기다 보면 어느 덧 먹이란 것에 흠뻑 빠져서 세상에 이렇게 신기한 물건도 다 있구나 감탄을 하게 된다.

이상으로 골육근혈骨肉筋血에 대하여 간략하게 거론해 보았다. 그러나 편의상 하나 하나 떼어서 설명은 했지만 어찌 생명체를 하나 하나 떼어 놓고 생각할 수 있으랴? 골육근혈은 상호연관된 작용으로 한 덩어리로 표현이 된다. 그 표현에는 쓰는 사람의 심혼이 획마다 담겨진다. 그리고 생기를 일으키며 살아 있는 생명체가 된다. 서예를 하나의 글씨 쓰는 기술로 보기보다 새로운 생명체로 인식할 때 서예의 참다운 맛이 살아나는 것이다.

서예의 조형원리

통일성

통일성이란 조형예술에서 요소들 간의 규칙 및 조화라고 할 수 있다. 만일 작품에서 통일성이 결여된다면 화면 전체가 심히 혼란스러워 무엇을 나타내는지 도저히 알 수 없게 되며, 이것은 회화작품뿐만 아니라 서예에서도 예외없이 적용된다.

예로부터 서예를 배우는 가장 보편적이고 일반적인 방법으로 영자팔법永字八法의 훈련을 꼽을 수 있는데, 우리는 이 팔법의 응용으로 해서의 다양한 획을 표현할 수 있다. 글자의 획수가 많던 작던 간에 대부분의 획은 이 팔법의 범주에 들기 때문에 전체적으로 자연스럽게 통일된 분위기를 느낄 수 있는 것이다. 예를 들어 사람의 몸에 악어의 다리나 곤충의 어떤 부분을 붙혀놓은 기형의 인간이 있다고 가정해 보자. 이런 사람을 보았을 때 우리가 느끼는 지각은 보는 이의 시각에 따라 다소 차이가 있겠지만 대부분 매우 이질적이고 충격적으로 느끼게 될 것이다. 이러한 현상은 악어의 다리나 곤충의 신체 부위에 그 원인이 있는 것이 아니라 전체적인 이질감과 통일성의 파괴 때문일 것이다.

서예의 경우에도 해서에 한 두개의 예서 획을 가미했을 때 아름다움 보다는 어색함이 배가 될 것이다. 이러한 예는 한대漢代 이후 북위의 서법 가운데 심심찮게 볼 수 있다. 이것은 한漢 이후 과도기적인 작품으로 예서의 필법을 잃어버린 후대인이 예서의 필법으로 쓰고자 노력한 것으로 대부분 조악한 것이 많지만 훌륭한 것은 오히려 더욱 다이나믹한 필세를 보이기도 한다.

통일성을 나타내는 또 하나의 방법은 시점視点의 연속이라고 할 수 있는데 서예의 경우에는 이것을 비도飛度, 혹은 기맥氣脉이라고 한다. 어떠한 방법으로 획을 조립하든 획과 획의 연결은 매우 중요하며 지나치게 획 하나하나의 완성과 힘에만 신경쓰다가 기맥이 연결되지 않으면 팔 다리가 비정상적으로 붙은 사람과 같이 되어버려 통일성을 이루지 못하게 되는 것이다. 더구나 선은 처음부터 동세를 가지고 있다.

서예가 획을 통한 동세의 다이나믹한 움직임을 추구한다면 기맥은 통일성 이전에 서예에서의 바탕이라고 할 수 있다. 그리고 이러한 시각적 통일성에 있어서 염두에 두어야 할 것은 전체가 부분보다 뛰어나야만 하며, 패턴을 지나치게 통일시키면 오히려 시각적 만족을 주는 대신 지루해지고 정체되어 버릴 수가 있다는 것이다. 또 통일성은 항상 변화라는 관점과 함께 이야기하며 바둑판과 몬드리앙의 기하학적 추상작품으로 많은 예를 든다. 우리가 익히 알고 있는 몬드리앙의 그림은 여러 면에서 바둑판 무늬를 닮아 있지만 다양성을 지닌 통일성이라는 원리의 작용으로 훨씬 재미있게 보인다.

이러한 원리는 구양순과 한석봉의 해서 작품에서도 적용이 된다. 두 작품 모두 해서로서 완벽한 통일성을 추구하고 있다. 그래서 얼른 보면 단점을 발견해 내기가 어렵다. 그러나 석봉의 글씨에 비해 구양순의 글씨는 보면 볼수록 표한 매력을 풍기는데 석봉의 글씨는 시간이 지날수록 싫증이 난다.

이러한 결과는 어디에서 오는가?

바로 통일성 속의 다양한 변화에 그 원인이 있다. 석봉의 글씨가 천편일률적인 모양을 보이는데 비해 구양순은 아주 미묘하게 획의 모양, 각도, 방향 등을 조금씩 다르게 표현하여 다양한 변화를 추구하고 있다. 우리는 한석봉 선생의 글씨공부에 대한 일화를 익히 알고 있다. 선생의 어머니가 글씨를 시험하기 위해 불을 끄고 자신은 떡을 썬 이야기를 가지고 나는 종종 한석봉 선생의 서예는 그의 어머니가 망쳤다고 농담을 하곤 한다.

어쨌던 조형원리 중 '통일성과 다양성의 적절한 어우러짐'은 서예에서도 매우 중요한 원리임에 틀림이 없다.

변화

변화하는 요소는 항상 통일성과 함께 이야기되며 지나친 변화는 오히려 나타 내고자 하는 주제를 희석하여 무엇을 이야기하고자 하는지 그 본질을 잃어 버리게 하는 경우가 많다. 서예는 예로부터 서법이라는 이름으로 통일과 변화에 있어 체계가 잘 잡혀있는 영역이다.

먼저 향세向勢와 배세背勢가 있다. 이 요소는 해서가 완성된 당대唐代에 두 대가大家의 서풍을 극적으로 대변한다. 먼저 배세는 해서의 극칙이라 불리워지는 '구성궁예천명'의 구양순을 들 수 있는 데 그의 서書는 종획의 경우 허리 부분을 조여 키가 늘씬해 보이며 이지적인 풍모를 바탕으로 공간을 글자의 바깥 부분에 두어 자좌字座를 넓게 쓰고 있다.

구양순

안진경

향배는 만당晩唐의 안진경을 대표한다고 할 수 있다. 그의 서풍은 종획을 안으로 둥글게 하고, 획의 아랫부분을 좀더 굵게 하여 우뚝 선 배흘림기둥이나 체격 좋은 장수를 연상하게 한다. 따라서 공간을 글자의 안쪽에 두어 글자간의 간격인 자좌字座를 별로 필요하지 않게 한다.

이렇게 향向·배背라는 변화에 따라 같은 글자라도 전혀 다른 변화의 이미지를 연출하며 또다른 변화의 방법으로는 앙仰·평平·부府라는 것이 있다. 같은 가로획 3개가 나란히 있는 경우 하나는 미세하게 위로 휘게 하고 하나는 직선, 나머지는 밑으로 굽게 하여 얼른 보면 셋 다 직선처럼 보이지만 미세한 방향 조절을 통하여 변화시키고 동시에 길이와 굵기, 각도까지도 미묘한 변화를 추구하고 있다.

이러한 변화는 서체의 표정을 더욱 풍부하게 하여 작가가 추구하는 여러 성격들을 원활하게 표현할 수 있게 하는 바탕이 된다. 그리고 점획의 성기고 빽빽함을 통한 소밀疎密, 먹의 짙고 옅은 변화를 보이는 농담濃淡과 윤갈潤渴, 획의 가볍고 무거운 정도를 가지고 변화시키는 경輕·중重 등 변화의 여러 모습들이며, 특히 질삽疾澁 완급으로 표현되는 붓의 저항, 속도의 변화와 더불어 운필의 둔제頓提는 서예의 본질 그 자체라고 해도 무방하다.

균형均衡

조형의 원리중 가장 다양하고 폭넓게 적용이 되는 것은 균형에 대한 것이라고 생각한다. 어떻게 보면 균형이란 정체되고 움직임이 없어 마치 죽은 것과 같이 느껴질 수로 있다. 서예 뿐만 아니라 모든 예술은 자연의 표상表象으로부터 시작되었다. 그래서 역대의 서예가들은 자연현상에서 많은 암시를 받았으며 서예에 있어 선들의 조합은 자연 법칙을 가장 함축성 있고 단순하게 표현한 것이다.

따라서 우리는 균형이 갖는 의미를 살펴볼 필요성이 있다. 루돌프 아른하임은『미술과 시지각』에서 "구성적 균형은 세상의 모든 활동의 주요 원천이랄 수 있는 경향성을 반영한다. 예술은 평생을 다해도 이룰 수 없는 것까지 성취한다. 그러나 동시에 예술작품은 단순히 균형적 이미지가 되는 그 자체는 아니다. 우리가 예술의 균형, 조화, 질서, 통일 등에 대한 추구와 성취로써 정태적 개념을 형성했던 것과 같은 역시 곡해된 일반성에 빠지고 만다. 마치 어떤 방향으로 움직이고 있는 것은 생명감이 있어 보이지만 정지해 있는 것은 죽어 보이는 것과 마찬가지로 예술작품도 균형, 조화, 통일 그 자체에 특성이 있는 것이 아니라 균형되고 질서있고 통일되어서 나타나는 패턴의 힘에 그 특성이 있는 것이다."고 말하고 있다. 바람이 분다든가 한쪽에 힘을 가하면 그 반작용이 일어난다든가 하는 모든 현상은 어떻게 보면 모든 것이 균형을 취하기 위한 작용으로 끊임없이 돌고 있는 것이다. 서예의 획도 고정되고 죽어 있는 것이 아니라 끊임없이 움직여 다음 획으로 이어지는 힘의 작용속에 균형있는 동세와 생명력을 갖게 되는 것이다.

전통적으로 서예의 자형字形과 균형을 잡는 방법으로 구궁법九宮法이라는 것이 있다. 포세신의『예주쌍집』을 보면 이렇게 설명하고 있다. "자字에는 구궁九宮이 있다. 구궁이란 일자一字 같은 붉은 선으로 정방형을 치는데 바깥쪽의 정방형은 굵은 선으로 치고 중칙中側은 가느다란 선으로 정자井字를 쓰고, 일자의 점획을 9개의 정방형으로 균등하게 나눈 것이다. 모든 문자는 획수가 많든지, 적든지 글씨가 비스듬히 쓰였는지 똑바로 쓰였는지 관계없이 반드시 정신이 집중된 곳이 있는데 그곳이 글씨의 중궁中宮이다. 그러나 중궁은 실획이 나타나는 일도 있고 그렇지 않은 일도 있지만 그 자字의 정신이 집중되어 있는 곳을 발견하여 일자一字의 중궁을 결정하는 것이다. 그리고 그 글자의 머리, 눈, 손발에 해당하는 곳을 나머지 공간에 나누면 글자의 장단이나 실획實劃인지 허획虛劃인지에 따라 상하좌우에 제각기 제대로 정돈되는 것이다."

이러한 방법은 예로부터 초심자의 결구법 연습에 많이 이용되어 왔으며 대구궁, 소구궁 등 이것을 변용한 것이 많다. 그러나 이것을 이용하면 점획의 위치를 파악하는 데는 도움이 되겠지만 글씨의 크기가 대체로 같고 가지런히 써나가는 해서나 전예篆隷에 국한되고 변화가 심하여 화면 전체를 보아야 하는 초서草書의 경우에는 적용하기가 쉽지 않다. 게다가 현대에 와서는 더욱 다양한 화면 전개를 요구하는 경우가 많으므로 별 의미가 없다고도 할 수 있다.

균형은 수직축에 의한 좌우의 균형과 수평축에 의한 상하의 균형을 고려한다. 그리고 우리는 중력 때문에 아랫 부분에 더 무게를 두는데 익숙해져 있어 그래야만 안정감을 느낀다. 균형중에 가장 단순한 형태는 대칭적 균형이다. 어린아이나 그림을 배우기 시작한 학생들은 조금만 지나면 거의 본능적으로 대칭적 균형을 갖춘 패턴을 만들어 낼 것이다. 이러한 경우는 어떤 독특한 시각적 결과를 반드시 예정하지는 않지만 대부분 정적인 느낌을 부여하고 엄격하고 딱딱하여 위엄을 나타내 보인다는 것이다. 이러한 방법은 서예의 경우 진시황이 천하를 통일하고 재상 이사李斯로 하여금 문자를 통일하게끔한 소전小篆의 형形에 많이 나타나 있다. 하지만 대다수 예술작품의 경우 원시적인 대칭 균형보다 변화가 많은 비대칭 균형으로 발전한다.

비대칭 균형은 다양한 패턴을 보이는데 먼저 위치에 의한 균형을 들 수 있다. 무게가 다른 2개의 경우 지렛대 받침을 중심으로 더 무거운 것이 안쪽에 위치함으로써 평형을 이룰 수 있다. 이러한 균형 방법은 대칭적 균형에 비해 좀더 고도의 기술을 필요로 하여 문자에 더 많은 긴장감과 운동감을 부여할 수 있다. 또 다른 하나는 형에 의한 균형을 들 수 있다. 작고 복잡한 형은 더 크고 안정된 형에 의해 균형이 이루어지며 서예에서는 주로 소밀疏密의 관계에서 다루어진다.

또 기울기와 획의 크고 작음, 굵고 가는 형으로 균형을 취하기도 하고 획의 방향과 무게, 먹의 농담이나 윤갈潤渴에 의한 획의 균형도 있다.

비례

동양의 서예 뿐만 아니라 인류는 예로부터 가장 아름다운 길이의 비례를 만들어내기 위하여 끊임없이 노력해 왔다. 적절한, 또는 조화로운 비례들에 맞는 타당한 규칙들은 없음에도 불구하고 황금분할 비율(a:b=b:(a+b))이라는 것을 만들어내고 많은 건축물과 작품속에 이용해 왔다. 그리이스 시대 이후 서양의 건축물과 미술작품에 있어서의 길이 비례는 바로 이와 같은 황금률의 비례를 따랐으며 오늘날에도 우리가 사용하는 모든 도구나 물품에까지도 이러한 영향은 여전히 남아있다. 그리고 이러한 비례를 이룬 직사각형을 밖으로 확산할 경우 묘하게도 생명있는 많은 형태의 유기적 성장속에서 발견되는 대수와 선이 생겨난다.

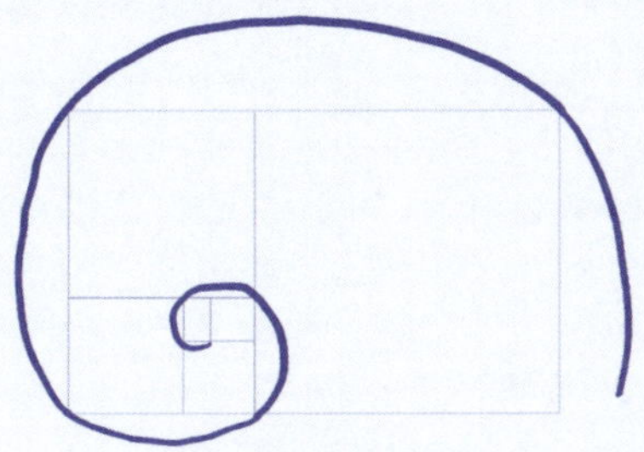

우리가 흔히 보는 나무가지들의 경우 일반적으로 황금각이라고 부르는 각도의 비율로 가지들을 벌려나가고 있다. 정확한 원인은 알 수 없지만 가장 효율적이고 적절하게 햇빛을 받아들이기 위해서가 아닐까 생각한다. 문자가 발명되고 그것을 보다 아름답게 쓰기 위한 부단한 노력은 획과 획을 조립하는 결구에도 영향을 미쳐 우리가 흔히 보는 자연현상의 여러 법칙들이 서예의 구조속에 녹아들어 왔다.

서예에 있어서의 길이 비혜가 모두 황금비를 따랐다고 할 수는 없지만 오랜 경험에 의한 가장 이상적인 길이 비례를 갖추어왔다고 생각한다. 그리고 그러한 구조속에 마치 에너지장을 형성한 것 같은 분위기를 창출하여 모든 문자들에 어떤 미묘한 울림이 있는 것처럼 우리는 인식한다. 특히 이러한 미묘한 에너지의 울림에 대한 도식을 주로 태극도太極圖를 통해 표현하는데 서로 동등하면서 또 반대되는 2개의 대항력 사이의 균형이 끊임없이 움직이고 있는 것처럼 보인다. 물론 이것은 대립된 개념으로도 보이지만 서로는 뗄 수 없는 불가분의 관계를 이루고 있는 것도 염두에 두어야 한다. 이런 태극도에서 지각되는 동세나 서예 결구의 길이 비례에 의한 공간에서 느껴지는 미묘한 울림을 동양에서는 기氣라고 표현하기도 하며 이러한 것을 서화에 적용한 사혁의 육법 가운데 기운생동氣韻生動은 동양예술의 가장 중요한 덕목으로 자리매김하고 있다.

물론 기운생동은 단지 이러한 구조 속에서의 이야기만은 아니고 작가의 필의筆意나 먹을 사용하는 여러 복잡한 관계속에서 발현되지만 서예에서 오랜 세월 동안 구축한 조형적 성과와 더불어 살아 있는 듯 약동하는 획은 서로 절묘한 조화를 이루어 화면 전체가 어떤 보이지 않는 미묘한 에너지장을 형성한 것과 같은 효과를 내는 것이다.

공간과 운동

아른하임은 "한 장의 종이에 그려진 하나의 선은 평면 안에 있는 것 같이 보이지 않고 평면 위에 있는 것 같이 보인다. 그것을 에워싸고 있는 주변 공간은 마치 2개의 방바닥

타일이 서로를 경계짓고 있는 식으로 보이지 않고 그 선 아래로 차단 없는 흐름을 계속한다."고 하고 있다. 물론 이러한 효과는 보는 사람들에게 심리적으로 일어나고 있는 현상인데 서예의 경우에는 대부분의 작품들이 이러한 효과를 극명하게 보여주고 있다. 이러한 예에서 이끌어낼 수 있는 잠정적인 일반성은 아른하임의 말처럼 표면의 패턴이 단순한 구조를 갖출 때에는 2차원적이기 보다는 3차원적으로 보이리라는 것이다.

사실 서예작품이 갖는 지각표상은 대부분 평면적이 아니라 입체적이며 공간 내에서 역동적으로 작용하고 있는 힘의 구성체인 것이다. 그리고 이러한 힘의 작용은 때에 따라서는 다른 것들을 밀어제치고 사방으로 뻗쳐 나가려는 작용을 하며 어떨 때는 응축하여 오그라드는 듯한 기분도 나타내 보인다. 이것이 서예에서는 원필이냐 방필이냐는 용필의 차이, 또 향세냐 배세냐는 차이에 의해서 전체적인 공간구성이 달라지는 것이다. 대표적인 경우는 당대의 구양순과 안진경인데 서로 다른 방법을 사용함으로써 전체적인 장법章法이 달라지는 것이다.

계속하여 우리는 공간에서의 운동 양상에 대하여 좀더 알아볼 필요성이 있다. 사실 평면에서의 움직임이란 단지 하나의 환영, 즉 실제적인 움직임이 없는 하나의 암시일 뿐이다. 그러나 그것은 마치 실제와 같이 우리의 눈과 의식에 작용하기 때문에 끊임없이 연구를 하여야만 한다. 아른하임은 또 "일반적 패턴은 구조적 골격의 축을 따라서 운동이 발생하며 방향에 따라서도 힘의 정도가 달라지는데 경사진 방향이 아무래도 방향성 긴장을 주는 가장 기본적이고도 효과적인 수단이다."라고 말하고 있다.

서예는 일반적으로 별획撇劃이나 책획磔劃, 혹은 창戈이나 구획같이 대각선 방향으로 힘차게 뻗은 획들에 의해 형태는 보다 움직임이 활발해지고 이러한 움직임 속에서 균형을 취하고자 하는 노력이 계속된다. 어떤 의미에서 서예의 운동성은 무용과 매우 흡사한 면이 많다. 무용가는 몸과 팔다리를 사용하여 조화된 율동적인 운동을 공간속에 표출하는데, 이 때 가장 중요한 역할을 하는 것은 잘 훈련된 팔다리의 놀라운 유연성에 있다.

서예에서도 마찬가지로 운동량이 큰 팔다리의 조화가 잘 이루어져야 하며 이때 팔다리의 구실을 하는 것은 일반적으로 대각선 방향의 획들이다. 다시 공간에 대한 것으로 형에는 포지티브형(형상)과 네가티브형(공간)이 있다. 서예에서는 비문의 탁본이 대표적이지만 회화에서는 포지티브형과 네가티브형이 전혀 시각적으로 구별이 안될 정도로 통합되기도 한다.

회화에서와 같은 용도로 쓰이지는 않지만 네가티브형은 서예에서도 상당히 중요하며 결구나 장법을 이야기할 때 계백당묵計白當墨이라고 하여 필수적으로 등장한다.

이러한 원리의 적용은 배세나 향세의 경우에도 그대로 적용이 되며 공간의 크기에 따라 서체 전체의 느낌도 달라진다. 공간을 재어 흑을 결정한다는 논리를 적극 실천한 서예가는 청대淸代의 등완백으로 그의 예서의 특징은 흑다백소黑多白小이다. 특히 "좁은 곳은 바람 한 점 통하지 맞게 하고, 넓은 곳은 말도 달릴 수 있게 하라."는 그의 말은 결구상에 있어 아주 유명한 말이다.

공간에 대한 또 하나의 관점은 시선의 위치에 따른 형태의 차이가 있다. 우리가 어떤 사물을 볼 때 어떤 위치에서 보느냐에 따라 그 형태라 느낌이 달라진다.

唯 唯

극동極東의 회화에서는 시점의 위치에 따른 고원법高遠法, 심원법深遠法, 평원법平遠法으로 분류한 삼원법三遠法이 있는데 이러한 방법은 비단 그림에만 적용되는 것은 아니다. 우리나라 고려시대의 목조건축물중 하나인 부석사 무량수전의 배흘림기둥은 윗 부분을 가늘게 하고 아래로 내려오면서 불룩하게 곡선을 주어 건물의 느낌이 훨씬 우뚝하고 웅장하게 보이게 하고 있다.

서예의 경우에도 안진경의 「고신첩告身帖」은 이와 같은 예를 적용한 대표적인 작품이라고 할 수 있는데 윗부분을 작게 하고 아랫부분을 크게 함으로써 동일한 크기의 다른 서체에 비해 훨씬 크고 웅장해 보이게 하고 있다.

이와는 반대의 개념이지만 때에 따라서는 시점을 위쪽 에 둔 심원법적深遠法的인 결구의 작품도 있다. 주로 한대漢代의 목간작품에 나타나는데 심한 것은 아랫부분을 작게는 역삼각형 결구하로 훨씬 더 다이나믹한 동세를 보이고 있다. 이와같이 공간과 운동에 관한 부분은 서예의 핵심적인 요소로 작가에 따라 더 다양한 변화를 보여줄 가능성이 크다.

강조 각 서체는 다른 서체와 구분할 수 있는 나름의 특징이 있지만 주된 한 획에 의해 그 서체의 특징이 결정되는 것은 아마도 예서일 것이다. 예서는 가로로 파도치는 듯한 횡획이 주된 획으로 되어 있어 서체의 대표적 특징이 될 뿐만아니라 전체의 조형에도 절대적인 영향을 미친다. 그리고 일자일파一字一波라고 해서 한 자에 반드시 하나의 파책만이 사용된다.

이와 같이 일반적으로 작품에 있어서 주위를 환기시켜 보는 사람으로 하여금 더욱 깊이 볼 수 있도록 해주는 것을 강조라고 한다.

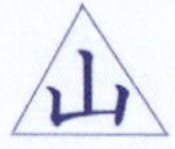

서체에 있어서 다양한 형태로 나타나는데, 예서의 경우와 같이 주획을 강조한다든지, 선의 굵기를 변화한다든지, 혹은 크기, 윤갈 등에 의해 강조하는 방법등이 그것이다.

따라서 강조는 작가에 따라 달라지는데 어떠한 방법을 사용하였느냐에 따라 작품 전체의 이미지가 달라지기 때문에 작가는 강조에 대한 다양한 방법을 강구함으로써 스스로의 작품에 깊이를 더해야 한다. 그러나 뚜렷한 강조가 반드시 성공적인 조형을 만들어내는 것은 아니며 주의해야 할 점은 그것이 전체적으로 이질적인 요소가 되기보다는 전체의 부분이 되어야만 한다는 것이다.

감정이입과 임서臨書

1960년대 모두가 어려웠고 힘들었던 가난한 시절, 우리의 화장실은 대부분 냄새나고 지저분했다, 군데군데 빗물이 새어들어와 얼룩이 지고 칠마저 벗겨져 흉물스러웠으며 벽과 문짝마저도 온전한 곳이 드물었다. 그러나 어린시절의 나에게는 이 더러운 벽이 상상의 날개를 펼칠 수 있는 훌륭한 환타지 세계였다. 호랑이와 늑대가 어우러지고 탱크로 있고 많은 사람과 기괴한 괴물이 등장하는 신세계였다. 그리고 산 너머로 피어오르는 구름들 또한 넓은 하늘을 배경으로 얼마나한 그림들을 그렸던가.

이렇게 보는 사람에 따라 의미없는 사물들이나 얼룩들이 의미있는 어떤 것처럼 느껴지는 것은 보는 사람의 감정이 스스로의 경험들과 합쳐져서 새로운 이미지를 창출해내기 때문이다.

이것을 우리는 감정이입이라고 하는데 인간의 다양한 예술 활동의 원천을 제공한다. 이러한 감정이입이 서예 활동에도 어김없이 적용되어 공부하는 법첩이나 다른 사람의 작품을 감상할 때 보는 사람의 감정에 따라 느끼는 감흥이 다르게 나타나게 된다. 그리고 서예의 학습과정 중 필수적으로 거쳐야 하는 것이 임서臨書라는 과정인데 대부분 각 비문의 탁본과 옛 명필들의 묵흔을 법첩 형태로 만든 것을 저본으로 한다.

먼저 비문에 씌여진 글씨의 시간적인 변화에 대해 살펴보자.

첫째는 비석에 글씨를 쓴 서예가의 원글씨가 있었을 것이며, 다음에는 이 글씨들이 각자장刻字匠에 의해 정으로 쪼아졌을 것이다. 그 과정에서 원글씨와 새기는 이의 감정에 따라 필의筆意가 달라질 것이며, 또한 정으로 쪼는 과정에서 종이에 붓으로 쓴 것 같은 느낌을 100% 재현할 수 없다는 데는 별다른 이견이 없으리라 생각한다.

그런데 이렇게 달라진 상황에서 세월이라는 것이 가미되고 오랜 시간동안 그 비문은 비바람에 부식되고 산화되어 그 원형조차 변했을 것이다. 따라서 획의 미묘한 변화라든가 접필 부분의 상태, 획의 굵기 등이 본래 육필과는 상당히 많이 달라졌으리라 생각한다.

그리고 우리가 일반적으로 글씨를 쓸 때는 종이의 흰 바탕 위에 검은 먹을 사용하지만 비문의 탁본은 우리에게 검정 바탕에 흰글씨의 네가티브형을 보여주는 것이다. 이런 시각의 전도는 실제의 획보다 탁본상 나타난 획이 훨씬 굵게 느껴질 뿐만 아니라 그 기분대로 결구를 할 때 미묘한 틀어짐으로 많은 어려움을 느끼게 되는 것이다. 또 탁본은 오랜 세월로 인한 깨어진 필선, 혹은 탁본의 과정상 생겨난 미묘한 변화를 보이는 선들이 우리에게 비쳐진다.

이런 상황에서 우리가 붓을 들고 그 느낌대로 임서하거나 필의대로 작품을 했을 때 과연 원서자原書者의 필법을 얻었다고 단정할 수 있을까? 비문의 글씨는 우리가 가지고 있는 경험과 선택에 의해 원래의 글씨와는 전해 다른 새로운 모습을 보이게 되는 것은 아닐까?

지난 세월 동안 역사의 무대에 우뚝 서 있는 대표적인 서예가들을 살펴보자.

그들은 모두 하나같이 강한 개성의 소유자들로서 모두 스스로의 목소리를 분명하게 내고 있으며, 어떻게 섞어 놓아도 그들을 구별해 낼 수 있다. 그런데 그들의 시대상황이나 학서과정을 살펴보면 처음부터 새로운 서풍이나 그들만의 독창성을 위해 노력했다기 보다 대부분이 훌륭한 옛글씨를 이상으로 삼아 그것을 닮고자 노력했다는 점이다.

그럼에도 불구하고 그들이 하나같이 모델로 삼았던 글씨와는 다른 스스로의 세계를 이루었다는 것은 오히려 자신의 감정과 경험에 깊이 천착한 결과가 아니었다 하는 것이다. 물론 그들의 재능도 배제할 수는 없다.

오늘날 우리 주변의 서예작품들은 어떠한가? 입으로는 법고창신法古創新을 외치지만 법고法古인들 창신創新인들 어느 하나 제대로 되는 것이 과연 몇이나 될까? 어떤 전시장을 둘러보아도 비슷한 모습의 거의 한 사람이 쓴 것 같은 작품들은 해방후 지난 세월 동안 획일화된 운영과 체제로 인한 공모전도 그 원인이 아닐까 생각한다.

그 다음으로는 임서방법 또한 문제가 많다. 과거에는 좋은 선본을 구하기도 힘든 환경에서 눈에 비쳐 들어오는 그 자체만을 가지고 최선의 노력을 기울였지만 지금은 인쇄술의 발달로 1~2cm 크기 밖에 되지 않아 작은 글씨도 크게 확대하고 친절하게로 원글씨를 상상하여 깨어진 부분을 다듬고, 또 붉은 줄까지 쳐서 위치를 정확하게 표시하고, 그것도 모자라 심지어는 출품할 작품의 크기만큼 확대하여 밑에 놓고 그대로 베끼기까지 하는 경우도 있다.

이러한 방법은 초보자일 때 스스로의 잘못된 습관을 교정할 때 한번쯤 해 볼만 것이지만 오래 사용할 방법은 못 된다. 이렇게 하는 동안 스스로의 감정과 예술에 대한 감식안은 획일화되고 시야는 좁아져 대상을 풍부하게 상상할 수 있는 사고가 굳어지기 때문이다.

그 다음에는 과거부터 서예를 배우는 기본인 동시에 가장 중요한 작업의 하나이기도 했던 임서 방법에 대해 거론해 본다. 일부 화가들이 서예가 예술이 아니라고 하는 이유중 가장 먼저 꼽는 것이 이 임서이기로 하지만 그렇게 쉽게 결론지울 만큼 단순한 문제는 아니다.

임서에는 형임形臨, 의임意臨, 배임背臨의 세 단계가 있다. 형임은 가장 초보단계로 문자의 기본형태와 점획, 그리고 결구와 장법 등에 중점을 두는 방법으로 오늘날에는 법첩의 구성이 잘 되어 있어서 접근하기가 어렵지 않다. 그러나 스승이 없이 홀로 행하기는 몹시 어렵다. 아니 어쩌면 불가능할런지도 모르겠다. 임서하는 것이 단지 문자의 외형을 닮게 베끼는 것으로 끝이 날 문제라면 그림과 무슨 차이가 있을까? 서예에는 그림과 다른 점획의 운필이라는 것이 있고, 이것은 본질적으로 초보자가 홀로 체득 할 가능성이 몹시 낮다.

두 번째 단계의 의임은 그 법첩이 가진 독특한 운필, 필세 등을 통하여 그 작가만이 가진 고유한 정신과 철학을 배우는 것이다. 마지막으로 배임은 형임과 의임으로 체득한 법첩의 모든 것을 이해하고 익힌 연후에 스스로의 예술철학으로 재해석하여 제2의 창작을 하는 것이다.

이상의 3단계 학서學書 방법은 대단히 훌륭하며 지금도 여전히 유효한, 대체할 방법을 찾기 힘든 과정이다. 그러나 현실에서는 많은 문제점을 안고 있다. 배우는 이의 공모전에 대한 욕심과 스승의 적절하지 않은 교육방법이 맞물려 수십년 동안 서예를 공부해로 제자리 걸음을 걷고 있는 이들이 많다. 배우는 이가 스승의 영향을 받는 것은 당연하지만 법첩을 보는 시각과 사고의 영역까지도 획일화되는 것은 대단히 곤란하다.

누군가가 "예술은 자유다."라고 말한 것으로 기억한다. 예술을 법이라는 말로 미화하고 왜곡하여 개인의 개성을 차단하는 것은 어떠한 이유로도 정당화될 수 없다. 들판에서 보라. 무수히 많은 풀들과 꽃들이 있을 것이다. 모습이 다르고 크기나 색도 차이가 나지만 그 중 아름답지 않은 것이 어디 있겠는가.

서예, 무엇을 볼 것인가

서예가 담고 있는 정신

노자老子는 『도덕경道德經』 첫 머리에 "도道를 도라고 하면 도가 아니며 이름을 이름이라고 하면 이름이 아니다."라고 이야기하고 있다.

이는 진리 혹은 사물의 본질이 우리가 이름 지은 단어에 있는 것이 아님을 시사하는 구절이다. 그럼에도 불구하고 우리는 우리가 만들어낸 언어의 개념에 의존하며 그 언어에 의해 사고가 표준화 되고 정형화된다.

실제 우리가 사물을 보고 느끼는 것은 이미 언어에 의해 굳어진 이미지를 보는 것이라고 할 수 있다.

그러한 인식의 현상을 레오나드 쉴레인Leonard Shlain은 『미술과 물리와의 만남』에서 "…그렇지만 인류의 초기에 언어의 발생에 의해 나타난 이미지의 침식은 우리가 근본적으로 새로운 것을 배우기 위해서는 맨 먼저 상상하는 것이 필요하다는 것을 잊어버리게 만들었다."라고 언급하고 있다.

전 시대에 걸쳐 나타난 예술의 발전은 이와 같이 굳어진 사고의 틀을 깨고 새로운 이미지를 상상한 수많은 작가들에 의해 이루어졌음은 두말할 필요가 없다. 19세기에 들어서면서 그전까지 관념에 의해 굳어진 사물의 여러 색상들과 모습은 인상파 화가들의 등장으로 인하여 빛에 대한 인식의 시작인 르네상스 시대부터 내려오던 투시화법도, 고정된 시간과 공간에 놓여져 확실하게 이해될 수 있는 실재성도 입체주의에 의해 무너졌다. 한 사물의 앞, 뒤, 꼭대기, 측면들의 시각적 단편은 감상자의 시각을 뛰어넘어 동시에 한 화면에 가득 찬다.

이러한 충격은 그 당시 고정된 시각의 감상자들에게 일시적 분노를 가져다주었 겠지만 우리는 그들의 덕분으로 사물의 다양한 측면을 볼 수 있는 눈을 갖게 되었으며, 그림이 안료들에 의해 색칠된 일종의 환영임을 알게 되었다.

미술사가인 기데온은 이렇게 말한다. "입체주의는 르네상스적 원근법을 파괴했다. 그것은 여러 시점으로부터이며 그 무엇도 독점적 권위를 갖지 않는다. 그리고 사물을 이렇게 절단하여 그것들을 동시에 여러 측면 즉, 위와 아래와 안과 바깥쪽에서 본다.……르네상스의 삼차원은 많은 세기를 통해 지속적인 사실들로 훌륭함을 지녀왔지만 그것은 거기에 네 번째, 즉 시간이 더해지기 전이다. 여러 시점들로부터 제상諸相의 현전은 현대적 삶인 동시에 친밀하게 기초를 둔 원칙들을 생산했다. 이것은 아인슈타인이 1905년 동시성에 대한 주의 깊은 정의를 바탕으로, 그의 유명한 논문인 「운동하는 물체의 전기 역학에 관하여」를 시작했던 시기와 일치한다."

우리는 사물을 단순히 눈에 의해서만 보는 것은 아니다. 우리가 본다는 것은 우리가 알고 있는 사물의 정보와 바로 연결되어 있다. 우리는 육안으로 저 넓은 우주를 볼 수 없지만, 천체물리학자들의 노력에 의해 드디어 우주를 볼 수 있게 되었다. 우리가 현재 보고 느끼고 냄새 맡을 수 있는 능력은 자연에서의 생존 결과 습득된 경험들에 의해 누적된 정보일 뿐이다. 그러나 과거의 전 시대에 걸친 변화보다 지난 수십 년 간의 인류의 생활양식의 변화는 상상을 초월한다. 이러한 정보의 홍수는 우리가 본능이라는 유전 정보 속에 새로운 정보들을 각인할 시간적 여유가 없을 정도이다.

우리는 현재 시간과 공간에 대한 아인슈타인의 상대성 이론과 보어의 상보성 이론이 이룩한 새로운 사고의 시대에 살고 있다. 크게는 우주의 광활함으로부터 작게는 원자의 내부까지 들여다보게 되었다. 인간은 과학과 예술이라는 두 가지 방식으로 자연과 스스로를 보아왔다. 그리고 이러한 두 관점을 통합함으로써 우리는 사물에 대해 더 깊이 있는 이해에 도달할 수 있는 것이다. 나아가 그 속에서 인간의 존재와 삶에 대한 성찰을 이끌어 내는 것이다.

서예의 경우를 보자.

역사의 무대 속에 서 있는 서예가들은 이런 점에서 탁월했다. 사물에 대한 뛰어난 통찰력의 산물인 철학적 사유를 서예작품 속에 교묘하게 배치했으며, 서예를 통해 이러한 사유의 폭을 넓혀 갔던 것이다. 과거의 훌륭한 작품들은 그 시대정신의 소산물에 다름 아니다. 우리는 해서 작품을 통해 주변 사물의 구조적 엄격함과 완벽한 균형 작용을 이해할 수 있게 되었으며, 초서작품을 통해 시간성과 공간성을 동시에 확보함으로써 현대물리학이 발견한 시공간의 개념을 아인슈타인에 앞서 선행적으로 경험할 수 있었던 것이다. 또 용필用筆과 결구結構를 통해 현대 물리학의 장이론과 같은 미묘한 울림을 보기도 하고 역동적 에너지의 선을 통해 모든 사물이 활발한 분자운동을 하는 것과 같은 것을 느꼈던 것이다.

그러나 문제는 지금부터이다. 우리는 서예를 어떻게 볼 것인가?

우리의 눈은 과거와는 다르다.
팽배하는 정보의 양과 이러한 정보들의 다양한 통합으로 말미암은 발전의 속도는 가히 우리의 상상을 초월하기 때문에 과거 우리의 선배들이 보아왔던 방식으로는 현 시대의 복잡한 사회활동과 정서를 서예술이라는 장르를 통하여 표출해 내기가 어렵게 되었다. 이러한 것은 비단 서예에만 국한된 것은 아닐 것이다. 그러므로 우리는 우리가 가지고 있는 사유체계의 폭과 정보의 양을 늘려 그 다양한 분야의 정보 속에서 현대인이 지니고 있는 사고의 유형을 발견해야 하고, 현대가 요구하는 요소와 서예가 가진 철학적 사고의 접합점을 찾아내어 표현해야 한다. 그리고 우리는 동시에 언어형성

이전의 상태로 돌아가는 데 주력해야 하며 증폭된 정보의 집적위에 가장 위력적인 상상력이라는 무기를 동원하여 우리의 의식을 확장하고 촉발시켜야 한다.

우리가 지금 당연하다고 보고 있는 법첩이나 명작들이 당대에는 그 전 시대의 것에 비해 대단히 충격적이고 혁신적이었던 것이라는 데에 생각이 미치면 변모된 새로운 형태의 서예 작품에 대한 두려움과 이유 없는 분노는 자제해야 할 것이다. 왜냐하면 시대가 흐르면 그것도 당연한 것으로 간주될 것이 틀림없기 때문이다.

『미술과 물리와의 만남』에서 쉴레인은 블레이크의 말을 인용하여 "만일 인식의 문이 열린다면 모든 것이 있는 그대로 무한하게 인간에게 다가올 것이다. 이유는 모든 사물을 직시할 수 있을 때까지는, 인간이 자신의 동굴 좁은 틈을 스스로 열어주지 않기 때문이다."라고 쓰고 있으며 계속하여 블레이크의 시 「순수한 예언」의 구절을 인용하고 있다.

> 한 알의 모래에서 세상을 보고
>
> 한 송이 들꽃에서 하늘을 보고
>
> 너의 손바닥에 무한을 쥐고
>
> 한 순간에 영원을 담아라.

형은 생겨난다

글씨를 처음 배우는 초보자들은 자형字形의 모양에 가장 신경을 많이 쓰는 것 같다. 그럴 때마다 필자는 "획만 되면 형태는 시간이 흐르면 절로 된다. 걱정하지 말고 붓의 운필과 생기 있는 획을 긋는데 주력을 하라."고 한다.

서예에 있어서의 조형은 자연의 여러 물리학적인 법칙들이 스며들어 완성된, 대단히 중요한 것으로 서예의 대부분을 차지한다고 해도 과언이 아니다. 그러나 필자는 선과 조형 중 하나를 택하라고 하면 당연히 선을 택할 것이다.

지구상에 나타난 모든 생물들은 단세포생물에서 만물의 영장인 사람에 이르기까지 DNA(염기체)의 구조가 99%나 동일하다. 사람은 단 1%의 차이로 만물의 영장이 될 수 있었던 것이다. 우리가 징그럽다고 여기는 구더기조차도 생명현상의 관점에서 본다면 우리와 별반 다를 바가 없는 것이다. 지구상에 존재하고 있는 많은 고등생물들은 다양한 단세포들의 연합체로서 DNA의 구조에 따라 구더기도 되고 인간도 되는 것이다.

서예에서의 획은 바로 생명현상에서의 세포와 같은 것이다. 여러 세포들이 모여 하나의 고등생명체를 이루듯 서예에서도 여러 획들의 조합으로 한 글자가 되는 것이다. 백화점에 진열된 마네킹들이 아무리 예쁘게 잘 만들어져도 생명체의 가치와는 비교할 수가 없다. 마찬가지로 서예에서도 생명의 근원인 획이 살아나지 않고는 어떠한 아름다운 조립도 가치가 없다. 그것은 서예가 아니라 문자 디자인일 뿐인 것이다.

필자는 획이 살게 되면 형은 생겨난다고 본다. 수많은 세포들의 연합으로 지구상에는 얼마나 많은 다양한 종의 생물들이 있는가? 서체의 경우를 보자. 표정 없는 같은 굵기의 획을 가진 소전小篆은 역시 그 자형에도 영향을 미쳐 좌우대칭형의 무뚝뚝한 형태를 가진다. 옆으로 파도치는 파책을 가지 예서는 역시 그 획의 특징으로 말미암아 자형이 물결치듯 다양한 형태를 드러낸다.

획과 형태는 상호보완의 관계에 있지만 획의 생명 현상은 세월이 흘러도 변함이 없다. 하지만 형태는 시대에 따라 변한다. 옛날 사람들의 의복이 현재 우리와 다른 것처럼 말이다. 그렇지만 우리는 '인간'이라는 공통점을 지니고 있지 않은가. 생명현상은 바로 그것과 유사한 것이라 할 수 있다. 서론書論에 '용필用筆은 천고千古에 불변하지만 결구結構는 시대에 따라 변한다.'고 한 말이 바로 그것이다.

서예를 배움에 "처음은 닮기가 어렵고, 나중은 벗어나기가 어렵다."는 말이 있다. 당연히 닮기보다는 개성 있는 자신만의 글씨를 창작하기가 어렵다는 말이다. 그래서 글씨를 쓸 때 독특한 생명력 있는 선을 긋는 데 주력한다면 거기에 걸맞는 독특한 형은 생겨난다고 생각한다.

서예가 가진 시간성

그리고 마지막으로 속도에 대하여 간단히 언급해보고자 한다.

"속도는 에너지다."라는 말이 있다.

물론 이 말이 서예에서 물리적으로 힘을 가하는 실제의 힘은 아니지만, 평면 위에 속도감 있게 펼쳐지는 다이나믹한 선이 우리의 시지각에 강력한 힘을 가진 에너지로 느껴짐을 이야기하는 것이다.

오늘날의 시대는 과거와는 달리 모든 것이 빨라지고 있다. 서예의 특징은 시간성 위에서 역동감 있게 움직이는 선에 있다고 해도 과언이 아니다. 힘차게 움직이는 빠른 선은 시대에 맞춰 오늘을 사는 현대인들에게 강한 생명감을 던져 줄 것이다.
서예에 있어서의 속도감은 타 시각예술에서는 보기 힘든 독특한 특징임에 틀림없다. 속도의 개념을 화면 위에서 어떻게 풀어내는가에 따라 서예는 더욱 다양한 변모와 현대성을 획득할 수 있을 것이라 필자는 생각한다.

추상표현주의와 서예

동양과 서양은 오랜 세월 동안 조금씩 서로의 영향을 받으면서 문화의 교류가 이루어졌다. 그것은 상인들과의 교역에 의해서 보편적으로 이루어졌으며, 실크로드 같은 경우는 대표적인 예라고 할 수 있다. 또 어떤 경우는 강대한 국가의 팽창으로 인한 군사적 원정으로 기인하는 경우도 비일비재하였다. 알렌산더 대왕의 동방원정은 인도의 간다라미술에 영향을 끼쳤으며 한漢제국의 팽창으로 중국의 비단과 향신료가 유럽에 까지 전해졌다. 또 칭기즈칸의 등장으로 유럽의 반은 그의 지배하에 들어가기도 했었다.

그러나 미술에 있어서 유럽의 화단에 직접적인 영향을 주었던 것은 현대미술의 태동이라고 할 수 있는 인상파가 등장한 19세기 무렵이라고 할 수 있다. 당시 유럽사회는 일본의 문화가 소개되면서 일본 취미가 유행하였고 일본의 목판화는 화가들에게 영향을 주어 고갱의 구획주의가 등장하는 배경이 되었다.

그전까지만 하더라도 서양의 회화는 사물을 덩어리로 파악하여 사물의 경계선은 공기원근법으로 부드럽게 처리하여 공간감과 양감을 표현하였다. 이후 일본판화의 영향으로 굵고 검은 테두리의 선이 윤곽선을 이루어 이후 많은 화가들의 작품에 이러한 경향이 두드러지기 시작하였고 고갱, 고흐, 루오, 마티스 등의 화가들에 의해 20세기에 들어오면 이런 경향은 더욱 심화되기에 이른다.

동양의 영향은 비단 여기에만 그치는 것이 아니다. 동양의 서예가 서양화단에 유입되면서 많은 영향을 미치기 시작하는데 클레의 많은 작품들은 마치 서예에 있어 종정문鐘鼎文의 일부를 재구성한 것 같은 작품들로 이루어져 있다. 심지어 어떤 것은 화면 자체만으로 보았을 때는 서예 그 자체인 것 같은 작품도 많이 있다. 그가 서예의 영향을 받았는지 받지 않았는지 어떤지는 어느 문헌에도 나타나지 않지만 그의 작품을 이루는 요소 중에는 아마 서예의 자전을 보고 베껴 그렸을 것 같은 짐작이 드는 것들도 있다.

20세기를 대표하는 또 한 명의 작가로 호앙 미로가 있는데 그의 작품들도 클레와 다를 바가 없다. 클레가 화면을 구성하는 방법이나 사물을 예민하게 보고 간략화한 상징들은 서예와 거의 같은 패턴으로 구성되었는데 비해 미로는 한 걸음 더 나아가 화면에 동세를 부여하여 마치 눈으로 보는 음악과 같이 만들고 있다고 할 수 있다.

이 두 명의 세계적인 화가가 서예의 영향을 받았든 그렇지 않든 간에 그들은 이미 오랜 세월 서예가들이 보아왔던 방식으로 자연을 보고 그들의 감정을 표현하고 있지 않나 생각한다. 비록 그들이 느끼고 표현하는 수단이 서예가 이룩한 동세와 시간성을 배제한 간략화되고 상징화된 형태만을 취하고 있지만 말이다.

1945년 제2차 세계대전이 끝나갈 무렵 미국에서는 '추상표현주의 뉴욕학파'라는 것이 탄생하여 로버트 마더웰, 프란츠 클라인, 잭슨 폴록과 같은 화가들이 등장한다. 레오나도 쉴레인은 『미술과 물리와의 만남』에서 "이 중요한 운동은 미술이 수천 년 동안 근거를 두었던 바로 그 대전제를 금세기에 다시 한 번 더 변화시켰다."고 흥분하고 있다. 그러나 그가 이렇듯 흥분하는 추상표현주의가 동양의 서예에 의한 영향이 지대함을 그가 얼마나 인정할지는 의문이다.

그들보다 앞서 마크 토비는 20세기 초 일본에까지 와서 직접 서예를 배웠다. 미국으로 돌아간 그는 직접 화선지에 먹으로 작품을 하기도 하였는데, 그가 받은 감명은 아마도 비문의 탁본에서가 가장 컸던 것 같다. '백색서예'라 이름 붙인 그의 작품은 검은색 바탕에 흰색으로 무언가를 쓰는 듯이 마구 그어대고 있다. 아마도 그가 처음 접한 탁본에서 그는 무슨 글씨인지는 모르지만 어떤 강한 생명성을 느꼈으리라 생각된다. 그의 작품은 서예의 탁본에서 느껴지는 이미지를 형상화한 것들이 대부분이다.

로버트 마더웰과 프란츠 클라인의 경우에는 간혹 먹으로 한 것 같은 작품이 보이지만 대부분의 작품은 유화물감으로 검고 굵은 선을 여러 번 그어 화면을 구성하는데, 서예의 일회성은 무시하고 단지 서예의 강력하고 힘찬 선의 이미지를 만들기에 급급한 것 같다. 그러나 흰색이나 단색의 화면에 가득 채워진 검고 굵고 거친 질감의 선들은 아마도 당시 서양인의 눈에는 신선한 충격으로 비쳤을 것이다. 그러나 그들은 서예의 특성 중 일부만을 수용했을 뿐 서예가 가진 훌륭한 점을 모두 수용하지는 못했다.

우선 표현하는 재료상의 문제로, 맑고 투명하고 깊이 있는 느낌을 주는 화선지와 먹의 특성을 이해하지 못하고 변화 없는 끈적끈적한 안료로 캔버스 위에 더덕더덕 칠하고 있다. 무용과 같이 오랜 시간 훈련되고 숙달되어진 선으로 붓과 몸이 하나가 되어 약동하는 에너지를 찰나 간에 표현하는 서예에 비해, 그들은 몇 번이고 칠하면서 단지 조금 떨어져 보았을 때의 효과만 고려하고 있다. 그럼에도 불구하고 이들의 훌륭한 점은 서예가 오랜 세월 동안 침체되어 제자리걸음을 할 때 부분적이기는 하지만 서예의 제반 성과를 나름대로의 어법으로 소화하여 현대인들의 눈에 새로운 세계를 열어 보이고 있는 것이라 할 수 있겠다.

그리고 이들 중 가장 특별한 사람은 잭슨 폴록으로 그는 캔버스를 이젤 위에 놓는 것이 아니라 서예처럼 아예 바닥에 깔고 한다는 점이다. 이것은 그가 미국 남서부의 인디안 모래화가들을 흉내낸 것이라고 하지만 작품을 하는 시점視點은 서예와 다를 바가 없다. 그가 이룩한 성과는 시간성 위에 역동적 에너지를 찰나 적으로 기록하였던 것이다. 그는 붓을 사용하지 않았으며 그가 그리는 손의 정교하고 미세한 동작과 격렬한 움직임으로 스스로의 마음에서 일어나는 역동적 에너지를 드리핑 기법, 즉 물감을 통에 넣어 구멍을 뚫고 던지고, 흔들고, 튀기고 떨어뜨림으로써 그는 문자를 떠나서 서예가 이룩한 가장 위대한 성과를 한 순간에 자신의 어법으로 표현해 내었다. 완성된 그의 그림은 시작과 끝이 모호하다. 단지 그 순간의 에너지만이 각인되어 있을 뿐이다. 그의 이러한 일련의 작업은 당시의 평론가인 로젠버그에 의해서 '액션 페인팅(action painting)'이라 불려졌다.

1999년 6월 예술의 전당에서 일본의 전위 서예가인 이노우에 유이치 전이 열렸다. 격렬한 붓놀림과 화면 가득 채운 일자서一字書는 첫눈에 추상표현주의 화가들의 작품을 연상케 한다. 우선 기존의 화선지와 먹을 무시하고 양지洋紙에 에나멜이나 그가 만든 본드 먹을 사용하여 전통적인 먹의 발묵發墨을 버리고 추상표현주의와 같은 화면의 질감만을 추구하고 있다. 아마도 화면 내의 박진감 있는 구성과 사람들에게 강한 느낌을 주는 크고 굵은 검은 선을 긋기 위해서는 큰 화면에 글자 일자一字가 가장 적당했으리라 생각한다. 그가 이렇게 추상표현주의적인 경향의 작품을 했다는 것은 그의 작품에서뿐만 아니라 그가 프란츠 클라인과 스스로를 비교한 것만 보아도 알 수 있다. 1950년대 당시 일본 서단의 풍토도 오랜 세월 동안 매너리즘에 빠져 있었을 것이며 그와 같은 시기에 그의 전위적인 서작書作은 일본의 서단에 많은 충격과 신선한 바람을 몰고 올 수 있었을 것이라 생각한다. 그러나 작품의 방법론적인 문제는 생각해 볼 여지가 많다고 본다.

우리나라의 경우도 1990년에 '한국현대조형서예협회'가 발족되어 매년 크고 작은 회원전과 주제전을 치러왔다. 그런데 상당수 많은 작가들의 작품이 이미 50년 전에 지나간, 그것도 동양의 서예에서 영향을 받은 추상표현주의의 어법을 어설프게 흉내 낸 것들이 많았으며 1990년대 말에 창립된 물파운동도 회화나 디자인, 사진 등의 분야에까지 영역이 확대되었으나 결과적으로 큰 성과를 이루었다고 보기 어렵다. 평소에 얼마나 많은 작품들을 제작하는지는 모르겠지만 1년에 서너 차례 치르는 회원전에 내는 작품이 고작이라면 그 속에서 작가 스스로의 어법을 찾아내기는 힘들 것이다.

서예의 일면만을 본 서양의 추상표현주의를 단순히 서예를 모방한 그룹으로 보고 스스로를 치켜세우는 서예가 되어서는 곤란하다. 또한 서예의 본질을 잃고 껍질만을 좇아가는 서예가 되어서도 곤란하다. 역사적으로 서예가 이룩한 성과는 대단하지만 그동안 너무 오랜 세월 동안 정체되어 있었으며 이제는 현대와 공존하는 새로운 대화 코드를 찾아야만 될 때가 온 것이다. 미술에서 보여지는 서예의 장점과 서예 본질이 가진 장점을 잘 접목시켜 현대에 가장 신선한 장르로서의 서예를 위해 새로운 출발을 해야함이 마땅하다고 필자는 생각하며 시대가 요구하는 새로운 서예문화가 도래할 것을 희망한다.

서예의 미술화, 그 필요성과 전망

현재의 서예는 오랜 역사의 전통과 많은 수의 서예인구를 가졌음에도 불구하고 시각예술의 타 영역에 비해 상대적으로 낙후되고 침체되어 일반 미술애호가와 화랑으로부터 외면받고 있는 실정이다. 이러한 현상은 비단 서구화 이후 현대 과학문명의 발달과 매스미디어의 폭발적인 영향력은 이미 모든 한국인의 시각과 사고에 영향을 미쳐 우리의 가치관을 송두리째 바꿔 놓았다. 물론 유전정보를 통해 이어져온 우리 문화권의 집단무의식이 완전히 사라진 것은 아니지만 은연중에 추구하는 미적 기준의 변화는 우리의 인물과 체형조차 바꿔 놓았으며 건축구조와 생활환경 등 의식주 전반이 변하였다.

이러한 시대에 서예가 살아남기 위해서는 유연한 사고와 더불어 타 영역과의 적극적인 교류를 통하여 새로운 모습으로 바뀌지 않으면 안된다는 절박한 인식을 하기 시작하였다. 이러한 현실을 직시하기 위해서는 현대의 시각예술계에 주도적 역할을 하고 있는 서양미술의 흐름을 되짚어보고 현재 서예가 위기에 처하게 된 배경과 원인을 살펴봄으로써 앞으로 서예가 나아가야 될 방향을 모색해 봄이 적절한 듯 하다.

현대 서양미술의 흐름

인간의 감각은 자연의 일부로서 생존해왔던 경험과 정보의 누적, 그리고 문명이 생겨난 이래 그 문명 전체로부터 얻어진 것이다. 특히 예술은 한 시대의 역사적 상황의 반영으로 인간이 미의식을 갖게 된 이후 오랜 시간 역사의 발전과 문화의 변천속도와 함께 완만한 변화를 이루어왔다. 물론 이러한 속도는 금세기의 전 영역에 걸친 폭발적이고도 경이적인 변화와 발전에 비교되어 그렇다는 것이지 시대마다 역사는 그 시대의 상황이 요구하는 문제의식을 반영하여 꾸준히 그 모습을 변모해왔다.

19세기 후반부터 시작된 문화의 급격한 변화는 20세기에 들어서면 가속도가 붙어 단순히 변화라는 말과 시대적 상황의 특색이라는 느긋한 서정적 표현으로는 도저히 설명할 수 없는 극심한 변화의 양상을 띤다고 할 수 있다. 두 번에 걸쳐 일어난 세계대전은 인류의 전통과 기존의 도덕성, 철학을 붕괴시키고 새로운 전통과 정신적 가치관을 요구하였으며 또 한 편, 증기나 전기, 석유와 같은 에너지의 개발과 더불어 원자력의 이용이라는 경이적인 에너지의 사용은 인간의 삶과 일상생활에 급격한 변화를 요구하였다.

동시에 교통과 통신, 정보망의 발달은 인간의 활동을 지구촌이라는 개념으로 확장시키고 이러한 요소들은 경제적인 측면에도 영향을 미쳐 자연과 농촌이 자정작용을 잃고 황폐화되는 결과를 낳았고 모든 활동을 도시중심으로 바뀌게 하였다. 더불어 고전적 물리학에 머물러 있던 인간의 과학적 지식은 아인슈타인의 상대성원리나 보어의 양자역학에 의해 우리의 인식은 단순히 보고 듣고 관념적으로 판단하게 하는 기준을 넘어 우주의 무한함과 상식을 넘어서 미시세계에까지 이르고 있다. 이러한 과학적 성취는 인류로 하여금 더 넓은 우주로까지 시야를 넓혀 삶과 의식에 있어 새로운 장을 열지 않으면 안되게끔 하였다.

이러한 바탕 위에 1839년 발명된 카메라의 출현은 기존 회화의 가치관을 송두리째 흔들 수 밖에 없었다. 르네상스 이후부터 발전된 일루져니즘(illusionisme)의 묘사하고 재현하는 기술은 더 이상 필요치 않게 되고, 1888년 코닥회사에 의해 카메라의 자동화가 대중화됨으로써 우리의 눈이 가진 사실의 포착력을 의심하지 않을 수 없게 되었다. 이러한 카메라의 출현과 기존의 과학적 성취, 인문학적 변화는 화가들로 하여금 미술의 근본목적에 의문을 갖게 함으로써 미술이 새로운 길을 모색하지 않으면 안되게끔 하는 기폭제가 되었다.

이러한 결과들은 이후에 일어난 여러 미술사조들로 대변되며 모든 예술품은 작가 개개인의 철학과 다양한 해석방식 속에서 절대적 진실의 모호함으로 나아가게 되었다. 물론 여기에서 서구의 회화는 1860년대 이후 일본미술의 유입으로 더욱 가속화된다. 이 결과는 인상주의 이후 불과 50년 만에 입체파, 야수파, 다다이즘, 초상회화, 앙포르멜운동, 추상표현주의까지 그 이름의 나열만으로도 한 페이지를 넘기게 될 정도로 다양하게 분화되어 갔다.

물론 이러한 경향조차 1945년 제2차 세계대전이 미술계에 끼친 여러 상황에 비하면 단지 서막에 불과한 것이었는지도 모른다. 세계대전의 영향은 작가 개개인의 활동뿐만 아니라 수많은 전시회를 통한 대중과의 소통, 현대미술에 대한 서적들의 범람, 국가적 차원의 후원에 의한 여러 비엔날레와 같은 다양한 미술시장의 형성 등등의 외적요인의 증가와 더불어 미술 각 장르 간의 교류가 활성화되면서 영역의 경계가 무너지기 시작하고 인식의 확장으로 인해 디자인이나 사진, 공예와 같은 분야에 부여되었던 준예술이라는 개념이 사라지게 만들었고, 사이버 공간의 확장으로 인해 형성된 애니메이션이나 비디오 아트와 더불어 설치, 개념미술, 환경미술 등 이제는 예술이 아닌 것이 없다고 할 수 있을 정도의 광범위한 예술세계를 만들었다.

시대와 서예의 흐름

예술에 대한 다양한 인식이 우리에게 처음부터 이해 가능하게 주어진 것은 아니다. 1945년 해방 이후 급격하게 밀려든 서양식 교육과 문물은 한동안 우리를 혼란케 하고 민족의 정체성을 흔들어 놓았다.

나는 어렸을 때 과학시간을 통해 모든 물질을 쪼개어 나가면 분자가 되고 분자를 더욱 나누면 원자가 되며 원자는 핵과 전자로 이루어졌다고 배웠다. 그리고 핵은 나누어질 수 없으며 역으로 조립해 나가면 다시 물질이 되는 요소환원주의식의 서양식 논리를 배우며 자랐다. 그러나 과학이 더욱 진보하면서 원자도 쿼크라는 단위로 쪼개어질 수 있으며 현대물리학의 발달로 부분이 전체를 반영한다는 동양의 사고를 이제는 과학적으로 증명하기에 이르렀다. 이와 같은 현상은 예술 전반에 걸쳐서도 예외 없이 적용되어 미술대학의 경우에도 서양화, 한국화, 조소, 디자인, 공예 등으로 세분화되어 나뉘어져 있다. 그러나 이러한 현실이 어느 순간부터인가 평면이니 입체니하는 개념으로 바뀌어 가고 있으며, 예술 전반에 걸쳐 탈장르의 바람이 유행처럼 번지고 있다.

필자는 대학에서 그림을 전공하고 서예가로 전향하였는데 그림을 전공한 선후배들로부터 '서예도 예술이냐?', '서예는 예술이 될 수 없다.'는 식의 질문이나 부정적 시각의 이야기를 많이 들어왔다. 그들의 생각은 서예가 스승의 체본이나 법첩法帖만을 베끼기 때문에 임서(臨書)예술이 될 수 없다는 것이다. 물론 이 말이 서예계 전반의 병폐에 대한 지적이 될 수는 있을지언정 서예의 본질적인 문제가 될 수 없음은 당연하다. 그러한 질문들은 마치 음악에 있어서 작곡을 제외하고는 연주가나 성악가는 예술가가 아니라는 말과 상통하기 때문이다. 그런데 문제는 어쩌면 서예는 예술이 아니라고 한 말이 맞지 않을까 하는 생각이 스스로도 가끔씩 들곤 한다는 점이다.

서예가 예술로서의 특성이 모호함을 살펴보면

첫째, 많은 사람들이 글씨 쓰는 행위를 수양의 방편으로 삼는다는 점이다. 흔히 서예를 배우는 사람들에게 왜 서예를 하는가 물어보면 그냥 좋다는 막연한 것이 대부분인 경우가 많다. 먹을 갈다 보면 먹향이 좋고 글씨를 쓰면 마음이 가라앉아 시간이 어떻게 지나갔는지 모르겠다는 것이다. 이러한 특성은 과거보다 오히려 시간에 쫓기고 스트레스가 많은 현대인에게 더욱 강하게 작용하는 것 같다.

둘째, 글씨를 쓸 때의 행위에 있다. 자세나 손가락과 붓끝의 작용, 호흡 등은 기의 흐름이나 손가락의 작용으로 인한 기경팔맥奇經八脈의 연결로 이어져 한의학과의 연계를 생각게 하고 힘을 사용하는 방식도 태극권과 같은 무술의 요령과 무관하지 않음을 시사한다.

셋째, 서예가 미술과 다른 가장 큰 특징 중 하나인 문자文字를 사용한다는 점이다. 미술은 다양한 장르를 가지고 있음에도 불구하고 문자를 몰라도 작품 제작에는 관계가 없지만, 유독 서예만큼은 문자를 소재로 하기 때문에 그 시작부터 지배계층인 사대부나 식자識者들에 의한 예술이었다는 점에서 그 차이가 크다.

서예의 이러한 특징은 동서를 막론하고 인류 역사상 그 유례를 찾아보기 힘든 독특한 세계를 구축한 배경이 되는 것이다. 이러한 것은 식자들에 의해 시대가 흐름에 따라 당시의 다양한 철학적 사상적 내용들을 서예속에 융화시켜 서론書論은 마치 동양 오천년 역사의 사상을 집대성하여 농축시켜 놓은 것이 되었다.

이러한 특질은 문자학과 문학 등과 더불어 방대한 소양을 요구하여 서예가 예술이 아니라 마치 인문학의 한 분야가 아닌가 하는 착각을 불러 일으킨다.

그리고 서예가 여타 예술과 다른 또 하나의 특징은 시간예술과 시각예술의 특성을 동시에 가진다는 것이다. 글씨를 쓸 때의 과정은 마치 무용과 음악처럼 시간성을 가지게 되며 완성이 되었을 때는 시각예술로서의 면모를 보여준다. 서예의 이러한 찰나성과 시간성은 상대적으로 오랜 시간을 두고 다듬고 누적시킨 서양회화에 비해 어쩐지 가볍고 공이 들어가지 않은 듯한 인상을 부여하여 예술작품의 환금성을 따지는 현대에 와서는 대단히 불리한 요소로 작용한다. 서양미술이 산업혁명 이후 여러 가지 요인으로 인하여 급격한 변화와 진통을 겪는 동안 동양의 서예는 청대 말기에 와서 조지겸, 오창석과 같은 여러 대가의 출현에 의해 고전의 재해석으로 인한 꽃을 피우게 된다. 이 시기의 서예부흥은 인류전체의 시대적 동조현상에 의해 서양과는 다른 풍토와 환경 위에 전혀 새로운 서예의 대부흥을 예감케 했다.

그러나 이러한 발전가능성은 서구 열강의 동양에 대한 침탈과 폐해로 인하여 본격적으로 꽃을 피우기도 전에 서구문물의 유입과 정착화 시기로 말미암아 정체성의 혼란과 더불어 고전의 재현에 머물고 만다. 물론 1950년대 일본의 이노우에 유이치에 의한 전위서도운동과 1960년대에서 1970년대에 걸쳐 우리나라에서 일어난 묵상墨象과 같은 서예운동이 있었지만 이 시기의 서양미술의 다양화와 심도에 비한다면 아주 작은 몸짓에 불과하다.

이와 같은 요인으로 인해 고전의 답습에 그치고 만 서예는 지난 100년 전의 사람과는 확연히 다른, 신인류라고까지 불리는 현대인의 다양한 욕구와 시각, 감성 등을 충족시키기에는 너무나 부족한 모습을 보이고 있다. 물론 중장년층 이상의 세대에 민족의 집단무의식에 의한 고전과 옛것에 대한 향수 등이 작용하여 명맥을 유지하긴 하지만 필자의 느낌은 마치 시한부 인생을 보는 것 같다.

이 시대는 하루하루가 다르게 변화하고 있다. 이러한 변화의 속도는 한 시대를 살아가는 세대 간의 격차조차도 달리하고 있다. 그 폭은 아날로그와 디지털의 차이처럼 크다. 컬러TV시대 이후 패션과 디자인, 칼라의 변혁과 더불어 컴퓨터의 보급은 아예 이 시대를 과거, 현재, 미래가 공존하는 것처럼 느끼게 한다. 개인용 컴퓨터의 소유 아래 우리의 삶은 인간이 이제까지 진화하면서 변화해왔던 폭보다 더욱 큰 폭으로 바뀌게 되었다. 그것은 우리의 삶뿐만 아니라, 특히 서예에 대한 영향은 과거 카메라의 보급 이후 서양미술이 처한 상황보다 훨씬 더 심각하게 작용하고 있다. 불과 20여 년 전만 하더라도 각 인쇄소에는 필경사가 있어 여러 인쇄물들의 원고를 초안하고 명함, 상장 등은 세필로 직접 써서 인쇄원안을 만들었다. 그러나 지금은 다양한 폰트의 개발과 매킨토시 편집으로 간단하게 해결되어 버렸다. 이러한 것들은 일반적인 필기에까지 영향을 미쳐 학생들의 레포트, 서류정리와 더불어 간판집, 비석공장, 꽃집에서의 화환에 이르기까지 컴퓨터에서 다양한 서체를 바로 출력할 수 있는 시대가 되었다. 그것도 점점 발전하여 서예에서 추구하듯이 각기 다른 폰트서체들을 사용자가 자신의 개성과 필요에 따라 고를 수 있게 되었다.

이러한 현실은 글씨를 단순히 반듯하게 잘 쓴다는 의미 자체를 이미 컴퓨터에게 우위의 자리를 내주고 있는 실정이라고 볼 수 있다. 이는 19세기 후반의 서양미술이 사진기의 발명과 급진적인 과학이론, 새로운 철학이념 등의 요인으로 인해 새롭게 변화하지 않으면 안되었던 것처럼 우리의 서예현실에도 시사하는 바가 크다. 물론 지금의 우리 상황은 19세기 후반의 유럽과는 비교가 되지 않을 정도의 현실이다. 과거와는 다른 가옥구조와 벽면처리는 기존의 서예작품이 가진 규격이나 액자, 족자 양식으로는 더 이상 새로운 공간에 어울릴 수가 없게 되었으며 칼라TV의 보급 이후 혁신적으로 변한 현대인의 색조감각과 디자인 선택의 안목에는 서예인들이 주장하는 개성있는 작품들이 모두 비슷한 것으로 보일 것이다. 특히 매년 열리는 100여 개가 넘는 공모전의 동일한 규격과 비슷한 작품체제는 서예 전체의 이미지에 치명적으로 작용하여 어떤 이들의 눈에는 서예가 마치 자멸하고자 하는 것처럼 느껴지기도 한다.

물론 이러한 서예현실은 소수 전문가에 의해 주도되고 이루어지는 타 분야와는 달리 대다수의 서예인이 공모전을 위주로 하는 취미생들로 이루어졌다는 사실이 더욱 치명적이다. 소수의 전문가라고도 할 수 있는 서예가 조차 서숙이나 서예학원의 경영, 공모전 지도로 인한 시간낭비, 잦은 행사, 예술가로서의 전문의식의 미흡으로 인한 자기연찬의 결여 등은 서예라는 분야를 벼랑 끝으로까지 몰아넣고 있다. 지금 우리는 서양 문명의 유입 이래 열성적인 학구열과 수많은 학자들에 의한 학문적 성취의 바탕과 눈부신 발전의 토대 위에 민족의 정서를 반영한 새로운 발판을 마련하였다. 그러나 현 한국의 서단을 이끄는 중장년층 이상의 서예가는 단순한 취미생활이나 서숙 출신으로 현시대 다른 분야의 전문가와는 작가로서의 성장과정이 전혀 다르다고 할 수 있다.

이러한 과정은 서예가들로 하여금 시대가 요구하는 전문가로서의 역량과 면모를 갖추는 데 필요한 여러 요인들을 제공하기에는 대단히 미흡한 상태였다. 따라서 미래의 서예는 서예과를 졸업하여 전문성을 갖춘 신세대 서예가들에게 달려있다고 해도 과언이 아니다. 그들은 과거와는 달리 대학에서의 전문과정을 이수하였으며 칼라TV 이후 개인용 컴퓨터의 사용으로 사이버공간에서의 활동 역시 자연스러우며 사고방식 또한 과거의 서예관에 비해 훨씬 자유로운 셈이다. 또한 몇몇 작가군의 노력에 의해 1980년대 후반부터 시작된 새로운 서예운동부터 1991년 창립된 현대조형서예협회, 1997년의 물파그룹이 탄생하게 시도된 여러 다양한 새로운 서예작품들을 접하면서 대학시절을 보낸 셈이다.

80년대 후반부터 본격적으로 시도된 서예계의 이러한 새로운 시도들은 어느덧 강산이 두 번쯤 변한 시간을 보낸 서예가들뿐만 아니라 여러 일반인들에게까지 다양한 반향을 불러일으켰으며 다른 한편으로서는 상업디자인에 본격적으로 편승하여 영화, 광고, 상품디자인의 표제, 북디자인과의 결합 등으로 서예의 쓰임이 디자인과의 결합으로 더욱 가속화되고 있다. 필자도 여러 차례 CIP작업을 한 바 있으며 특히 작년의 광주비엔날레 포스터도 디자이너 박금준 선생에 의해 필자의 서예작품과의 결합으로 완성된 것이다. 특히 601비상의 박금준 선생의 『둘, 어우름』이라는 책은 전 페이지에 걸쳐 필자의 서예작품과의 결합으로 세계적인 북디자인상을 받기도 하였다.

이 시대는 서예가 캘리그라피라는 이름 하에 디자인과의 결합이 더욱 가속화될 전망이다. 따라서 미래의 서예가는 사이버공간의 사용은 말할 것도 없거니와 디자인에 대한 공부, 상업미술에 대한 인식의 확산, 폰트개발에 대한 적극성 등을 갖출 필요가 있으며 한편으로는 회화와 같은 순수미술작품으로의 위상을 갖추어야 한다. 회화의 영역에는 오히려 서예적 요소를 차용한 마크 토비나 추상표현주의의 여러 작가들도 있으며 우리나라에서는 남관, 이응노 같은 작가들도 서예적 요소를 빼놓고는 이야기할 수가 없다. 서예가 순수회화와 같은 시각예술로서의 위상을 회복하기 위해서는 여러 가지 시도와 노력이 병행되어야 할 것이다. 필자의 짧은 소견으로는 기존의 변화없이 나열된 3~4줄의 종서나 횡액은 구태의연한 전통액자 양식이나 족자형식으로는 나날이 눈높이를 더해가는 현대인의 기호와 욕구를 총족 시키기가 어렵다는 것이다. 더더구나 현대인은 과거와 같이 시문을 논하고 그 서체를 감상하는 한문학적 소양이 사라지고 서양미술의 흐름이나 다양한 색, 서구화된 여러 디자인들에 눈과 인식이 젖어 있다.

따라서 첫째, 우리는 컬러시대에 있어 흑백미술이 갖는 의미와 위치를 재확인하여 현대라는 시대와 걸맞는 먹의 강함, 단순함 등을 부각시켜야 할 것이다.

둘째, 표의 문자가 갖는 원시적 원형질의 생명력과 더불어 기표와 기의의 합일화 등 시대성에 걸맞는 양식으로 재창조해야 할 것이다.

셋째, 표음문자가 갖는 기호로서의 상징과 더불어 추상성을 부각시키는 작업이다.

넷째, 붓질이 갖는 속도감과 율동성을 더욱 강조함으로써 현대성을 갖는 작업이다.

다섯째, 문인화처럼 그림과 글씨가 공존하는 양식의 현대적 해석으로 새로운 양식의 그림과 글씨가 공존하는 화면도출이다.

여섯째, 서각과 같은 입체적 양식과 서예의 평면적 양식의 결합이다.

일곱째, 사이버공간의 활용과 비디오아트, 홀로그램 등 여러 가지 변모가능성이 있는 현대적 물성과의 결합이다.

이렇게 여러 가지 변모가능성이 있는 몇 가지를 나열해 보았다. 물론 서예의 새로운 변모 가능성은 여기에만 그치는 것이 아닐 것이다. 작가의 철학과 시대의 변화에 따라 다양한 가능성과 변화가 생겨날 것이다.

서양미술에 비해 동양의 서예가 발전하지 못한 여러 배경에 대해 살펴보고 우리가 현재 처해있는 서예적 현실과 나아가야 될 방향에 대해 거론해 보았다. 그리고 필자는 서예의 미래가 대학에서 전공한 신세대 작가들에게 있다고 거론하였다. 그래서 대학의 경우 서예가 다른 장르와는 다르게 문자를 사용함으로써 생겨나는 인문학적 특성은 미술의 경우 미학만을 전공하는 과가 있는 것처럼 문자학이나 금석학 서론

등을 묶어 따로 전공학과를 만드는 것도 생각해 볼 필요가 있으며 실기의 경우에도 과거 사범대의 경우처럼 2학년까지는 공통으로 이수하고 3학년부터 디자인이나 타 영역과의 결합으로 인한 상업성 위주의 순수 시각예술로서의 서예가를 양성하는 그룹으로 나누어야 된다고 생각한다. 그리고 대학 뿐만 아니라 서예를 업으로 삼는 모든 서예가들의 의식확장과 새로운 모색에 대한 열정만이 서예가 이 시대에 도태되지 않는 유일한 길이라 생각한다.

세계서예 전북비엔날레 주제토론 논문, 2007년 9월

일사 一思
석용진 石龍鎭

1981 영남대학교 사범대학 회화과 졸업

1989 제1회 대한민국 서예대전 대상 수상

2005 제1회 서울서예비엔날레 특별상 수상

작품집

2003 석용진(물파)

2003 석일사 전각선(물파)

2010 問道(주노아트)

2012 心銘(주노아트)

2013 夢緣(주노아트)

개인전

1991 제1회 개인전
동아미술관, 대구

1997 제6회 개인전
예술의전당, 서울
대구문화예술회관, 대구

1998 제8회 개인전
공평아트센터, 서울

1999 제10회 개인전
대구문화예술회관, 대구

2010 제30회 개인전
경북디자인센터
주노아트갤러리, 대구

제31회 개인전 '김지하 신작시 담은 서화전'
물파공간, 서울 등

2010 제40회 개인전
수성아트피아
대구대백프라자, 대구

2020 제49회 개인전
갤러리 여울, 대구

등 49회

단체전

2010 Miami Scope Art Show
Miami, USA

2013 대구아트페어
엑스코, 대구

2011 Asia Top Gallery Hotel Art Fair Hongkong
홍콩, KIAF 코엑스(서울)

2011 교토아트페어
교토, 일본

SOAF
코엑스, 서울

2013 筆墨東方
중국, 사천성

KIAF
코엑스, 서울

부산아트쇼
벡스코, 부산

대구미술단체 초대전
(대구문화예술회관)

등 300여회